资深HR
手把手教你做
人力资源管理
Human Resource Management

郑 芳 ◎ 著

天津出版传媒集团

天津科学技术出版社

图书在版编目（CIP）数据

资深HR手把手教你做：人力资源管理 / 郑芳著. -- 天津：天津科学技术出版社，2017.3（2019.4重印）

ISBN 978-7-5576-2174-2

Ⅰ. ①资… Ⅱ. ①郑… Ⅲ. ①人力资源管理 Ⅳ. ①F243

中国版本图书馆CIP数据核字(2017)第013250号

资深HR手把手教你做.人力资源管理

ZISHEN HR SHOUBASHOU JIAONIZUO RENLIZIYUANGUANLI

责任编辑：方　艳

出　　版：	天津出版传媒集团	
	天津科学技术出版社	
地　　址：	天津市西康路35号	
邮　　编：	300051	
电　　话：	（022）23332695	
网　　址：	www.tjkjcbs.com.cn	
发　　行：	新华书店经销	
印　　刷：	河北盛世彩捷印刷有限公司	

开本 670×950　1/16　印张 19　字数 270 000
2019年4月第1版第3次印刷
定价：55.00元

前言

随着市场经济的迅猛发展，人们对人力资源管理这个名词已经不算陌生，但是对人力资源管理这项工作的实质却不甚了解，有些人甚至把人力资源管理与传统的人事管理混为一谈。

另外，在十余年的人力资源工作中，我发现国内的企业管理者常常被诟病的一个问题是：不接地气。因为人力资源管理的理论和方法是从西方引入的，所以如果原封不动地照搬过来，就很可能水土不服。考虑到这种情况，我力求以通俗易懂的方式向学习人力资源管理课程的学生、实践中的管理人员，阐述完整的人力资源管理基本概念以及技术方法。

同时，我力求根据中国企业的实际情况对症下药，让人力资源工作真正做到管理大师杰克·韦尔奇所说的"将最好的人力放在最大的机会中，将金钱分配在最适当的位子上。传达理念，分配资源，然后就让他们自由发挥，不再挡在他们面前"。为了便于读者了解，我简单地介绍一下这本书的结构和内容。本书共由7章组成，分别为：

第一章，人力资源战略规划管理。本章主要介绍了人力资源规划的具体内容和企业人力资源现状的SWOT分析。阐述了人力资源的战略定位和职能定位的重要性。通过寻求人力资源管理职能转变来创造企业竞争优势。

第二章，人力资源规范管理制度。本章主要介绍了招聘与录用管理制度、内部竞聘管理制度、离职管理制度、新员工入职培训管理制度、人员调动管理制度、劳动争议处理管理制度、员工解聘与辞职管理制度等；提供具体规范的制度文本和表格辅助读者快速查用，帮助人力资源管理者有效率的完成相关工作的制定和决策。

第三章，招聘与配置。本章一方面将招聘工作的整个流程分解开来；另一方面，对传统人力资源配置和现代人力资源配置做了对比的描述，使得企业从中得到启示，调整自身的人力资源配置战略。

第四章，绩效管理。本章主要介绍了几种使用率高的绩效管理方法和常见的绩效考核体系设计，为企业选用绩效考核方法和绩效考核设计提供了借鉴。

第五章，薪酬与福利管理。主要介绍了薪酬管理的作用与原则和薪酬与福利体系设计，同时也简单地介绍了几种不同岗位的薪资设计，为人力资源管理者制定合理的薪酬福利制度体系提供了借鉴。

第六章，员工培训管理。主要介绍了员工入职培训的内容及流程、不同人员培训方案的设计；同时，阐述了培训的重要意义和互联网形势下的培训业务。

第七章，劳动关系与用工风险防范管理。本章主要按员工管理时间顺序逐一进行详细介绍。主要内容依次为：新员工试用管理—新员工录用管理—员工在职管理—员工离职管理—人事档案管理—用工风险管理。人力资源管理者通过详读这一章的内容，能够制定出有效规避用工风险的相关制度，从而实现企业利益最大化。

在编写本书的时候，我有针对性地选取了人力资源管理中更为实用、核心的部分，即以人力资源管理常见的六大模块——人资规划、招聘与配置、培训与开发、薪酬与福利、劳动关系管理为主线；此外，还单独拿出一章来写人力资源规范管理制度。本书以制度、表格为内容，在实用性上下功夫，融入了完整的知识体系和结构；与此同时，还介绍了人力资源管理理论和实践领域的一些最新进展，使读者既能够把握人力资源管理的基本学科内容，又能够感受到一些与时俱进的气息。

在日常工作中，人力资源管理者常常会遇到应聘者资料真伪难辨、人事规章制度执行困难、员工绩效考核指标很难建立等难题，这本书的出现可使人力资源管理者走出这样的困境，轻松胜任职位。

受角度和专业经验上的限制，这本书可能存在许多不足之处，敬请各位用书之人批评指正。

目录

第1章 人力资源战略规划管理

1.1 人力资源战略规划的地位和作用 / 002

1.2 人力资源规划的具体内容 / 004

1.3 企业人力资源现状的SWOT分析 / 005

1.4 如何开展人力资源现状审计 / 009

1.5 战略性人力资源规划的关键 / 012

1.6 战略性人力资源规划的重要作用 / 015

1.7 人才战略缺失对企业发展的危害 / 016

1.8 人力资源战略定位 / 018

1.9 人力资源管理职能转变的角色定位 / 020

1.10 人力资源职能定位 / 022

1.11 人力资源战略规划和发展目标 / 024
    1.11.1 人力资源战略规划 / 024
    1.11.2 人力资源发展目标 / 025

1.12 案例呈现 / 027

1.13 案例分析 / 028

第2章
人力资源规范管理制度

2.1 招聘与录用管理制度 / 030

2.2 内部竞聘管理制度 / 033

2.3 考勤管理制度 / 038

2.4 休假管理制度 / 043

2.5 离职管理制度 / 049

2.6 绩效与福利管理制度 / 053

2.7 新员工入职培训管理制度 / 067

2.8 员工在职培训管理制度 / 070

2.9 人员调动管理制度 / 073

2.10 劳动争议处理管理制度 / 078

2.11 员工解聘与辞职管理制度 / 081

2.12 出差管理制度 / 084

2.13 风险评估管理制度 / 089

2.14 案例呈现 / 093

2.15 案例分析 / 094

第3章
招聘与配置

3.1 招聘工作规划 / 096

3.2 招聘流程 / 099

3.3 招聘管理流程 / 100

3.4 招聘渠道 / 101

  3.4.1 校园招聘 / 101

  3.4.2 网络招聘 / 103

  3.4.3 传统媒体招聘 / 105

  3.4.4 猎头公司委托招聘 / 106

  3.4.5 现场招聘 / 107

3.5 简历筛选 / 108

  3.5.1 快速浏览简历的技巧 / 108

  3.5.2 简历示例 / 110

3.6 笔试 / 111

3.7 电话面试 / 112

3.8 面试与应聘者能力评估 / 114

  3.8.1 面试 / 114

  3.8.2 面试通知单 / 116

  3.8.3 应聘者能力评估 / 119

  3.8.4 背景调查 / 120

3.9 新员工入职流程 / 121

3.10 人力资源配置 / 125

    3.10.1 传统人力资源配置 / 125

    3.10.2 现代人力资源配置 / 126

3.11 案例呈现 / 127

3.12 案例分析 / 128

第4章
绩效管理

4.1 绩效管理流程 / 130

4.2 绩效管理的主要目标 / 134

4.3 员工绩效考核办法 / 137

    4.3.1 目标管理考核法 / 137

    4.3.2 360°考核法 / 139

    4.3.3 关键绩效指标考核法 / 140

    4.3.4 平衡计分卡考核法 / 142

4.4 不同岗位的绩效考核设计 / 145

    4.4.1 绩效考核概述 / 145

    4.4.2 管理人员绩效考核设计 / 149

    4.4.3 销售人员绩效考核设计 / 154

    4.4.4 技术人员绩效考核设计 / 157

    4.4.5 职能人员绩效考核设计 / 162

    4.4.6 生产人员绩效考核设计 / 167

4.5 案例呈现 / 169

4.6 案例分析 / 170

第5章
薪酬与福利管理

5.1 薪酬管理的作用 / 172

5.2 薪酬管理原则 / 174

5.3 薪酬体系设计的基本步骤 / 175

5.4 掌握通行的薪酬结构 / 179

5.5 不同岗位的薪资设计 / 182

    5.5.1 销售人员薪资设计 / 182

    5.5.2 高层管理人员薪资设计 / 184

    5.5.3 生产人员薪资设计 / 186

5.6 福利体系设计 / 188

    5.6.1 福利的特点 / 188

    5.6.2 常见的福利项目 / 189

    5.6.3 员工福利计划 / 190

    5.6.4 福利计划考虑因素 / 191

5.7 社保公积金 / 192

    5.7.1 养老保险 / 193

    5.7.2 医疗保险 / 197

    5.7.3 工伤保险 / 199

    5.7.4 失业保险 / 201

    5.7.5 生育保险 / 203

    5.7.6 住房公积金 / 207

5.8 案例呈现 / 211

5.9 案例分析 / 211

第6章
员工培训管理

6.1 培训的目的和意义 / 214
  6.1.1 培训的目的 / 214
  6.1.2 培训的意义 / 215

6.2 HR在培训环节中的任务 / 218

6.3 校园人才成长培训计划 / 220

6.4 员工入职培训内容及流程 / 223
  6.4.1 培训内容 / 224
  6.4.2 培训流程 / 224

6.5 不同人员的培训 / 232
  6.5.1 管理人员培训方案 / 232
  6.5.2 专业技术人员队伍培训 / 235
  6.5.3 生产人员培训方案 / 236
  6.5.4 营销人员培训计划 / 239

6.6 如何建立内部培训体系 / 240

6.7 培训方式方法的选择 / 242

6.8 培训效果评价与转化 / 244

6.9 互联网形势下的培训业务 / 245

6.10 案例呈现 / 249

6.11 案例分析 / 250

第7章
劳动关系与用工风险防范管理

7.1 新员工试用管理 / 252
    7.1.1 试用期限有效约定 / 252
    7.1.2 新员工试用期考核 / 253
    7.1.3 试用期解聘管理 / 257
    7.1.4 试用期风险管理 / 259

7.2 新员工转正管理 / 260
    7.2.1 新员工试用期评价 / 260
    7.2.2 试用期转正流程 / 261
    7.2.3 新员工转正风险防范 / 263
    7.2.4 新员工转正后续安排 / 264
    7.2.5 入职关键信息审查 / 265

7.3 在职管理 / 267
    7.3.1 劳动合同的签订 / 267
    7.3.2 如何建立员工的归属感 / 268
    7.3.3 用福利激励员工工作积极性 / 270
    7.3.4 关注员工身心健康 / 272
    7.3.5 员工的职业发展 / 273

7.4 员工离职管理 / 275
    7.4.1 员工离职办法与制度 / 275
    7.4.2 劳动合同的解除和终止 / 276
    7.4.3 保密义务和竞业限制 / 277

7.5 人事档案管理 / 278
    7.5.1 人事档案管理工作的原则 / 278

  7.5.2　人事档案规范化管理的途径　/ 280

  7.5.3　人事档案信息化管理　/ 282

7.6　用工风险管理　/ 284

  7.6.1　弹性雇佣方式的风险防控　/ 284

  7.6.2　劳动合同履行的风险防控　/ 285

  7.6.3　岗位调整中的风险防控　/ 286

  7.6.4　员工个别离职风险防控　/ 287

7.7　案例呈现　/ 288

7.8　案例分析　/ 289

第1章
人力资源战略规划管理

凡事预则立，不预则废。未雨绸缪才能从容不迫。

成功的事业来自成功的规划运筹。规划有助于预见未来，减少因未来的不确定性而造成损失，更好地帮助组织应付未来的各种变化，解决和处理复杂的问题。管理者可以通过规划，确定自己的目标，制定策略，做出正确的决策。

1.1　人力资源战略规划的地位和作用

人力资源战略规划是肥沃的土壤，没有它，郁郁葱葱的森林只能变成一片戈壁；人力资源战略规划是滔滔大江的河床，没有它，大江就会肆意泛滥；人力资源战略规划是点燃熊熊烈火的火星，没有它，就只剩一堆冰冷的柴把；人力资源战略规划是远洋巨轮的主机，没有它，巨轮就只剩一副瘫痪的巨架。人力资源战略规划在企业缔造成功传奇的过程中占据着重要地位。

人力资源规划是一种战略规划，主要着眼于为企业未来的生产经营活动预先准备人力，持续和系统地分析在不断变化的条件下企业对人力资源的需求，并开发、制定出与企业长期效益相适应的人事政策。企业的生存和发展与人力资源的结构密切相关。在动态的组织条件下，人力资源的规划必不可少。

在大型的和结构复杂的组织中，人力资源规划的作用是重大的。因为无论是人员需求量、供给量的确定，还是职务、人员以及任务的调整，不通过一定的计划显然都是难以实现的。例如，什么时候需要补充人员、补充哪些层次的人员、如何避免各部门人员提升机会不均等的情况、如何组织满足多种需求的培训等。这些管理工作在没有人力资源规划的情况下，就避免不了头痛医头、脚痛医脚的混乱状况。因此，人力资源规划是组织管理的重要依据，它会为组织的录用、晋升、培训、人员调整以及人工成本的控制等活动，提供准确的信息和依据。

调动员工的积极性和创造性同样少不了人力资源战略规划。人力资源管理要求在实现组织目标的同时，也要满足员工的个人需要（包括物质需要和精神需要），这样才能激发员工持久的积极性。

人力资源规划主体在充分认识组织愿景、组织目标和战略规划的前提下，还必须认识到组织目标对人力资源活动的影响，从而有针对性地开展相应的人力资源规划活动，制订相应的人力资源规划方案，以协调和支持战略规划的实施，促成组织愿景和组织目标的实现。

人力资源规划是面向企业的计划，也是面向员工的计划。一个企业在人事政策上出现较严重的问题，往往是因为没有制定一个科学、细致的人力资源规划。许多企业面临着员工不断跳槽的问题，从表面上，看这是因为企业无法给员工提供优厚的待遇或者晋升渠道，追根究底，这是因为人力资源规划存在疏漏和不足。因为不是每个企业都能提供有诱惑力的薪金和福利来吸引人才，许多缺乏资金、处于发展初期的中小企业照样可以吸引到优秀人才并迅速成长。它们的成功不外乎立足企业的自身情况，营造企业与员工共同成长的组织氛围，充分发挥团队精神，规划企业的宏伟前景，让员工对未来充满信心和希望、同企业共同发展，为有远大志向的优秀人才提供施展才华、超越自我的广阔空间。因此，人力资源规划要着重考虑员工的职业发展。在人力资源规划的基础上，企业应引导员工进行职业生涯设计，让员工清晰地了解未来的职位空缺，看到自己的发展前景，从而去积极地努力争取，增强员工的工作积极性。

合理控制人力资源成本主要依靠人力资源规划，人力资源规划有助于检查和测算人力资源规划方案的实施成本及其带来的效益。企业通过人力资源规划预测组织人员的变化，调整组织的人员结构，把人工成本控制在合理的水平上，这是组织持续发展不可缺少的环节。人力资源规划对预测中、长期的人工成本有重要的作用。在人工成本中，最大的支出是工资，而工资总额在很大程度上取决于组织中的员工数量和分布情况。人员分布状况指的是组织中的人员在不同职务、不同级别上的数量状况。当一个组织年轻的时候，企业规模小，组成人数少，处于低职务的人员多，人工成本相对较低。随着时间的推移、人员数量的增加和职务等级水平的上升，工资的成本也会增加。在没有人力资源规划的情况下，未来的人工成本是未知的，再考虑物价上升的因素，企业难免会出现成本上升、效益下降的趋势，人工成本就很可能超过企业所能承受的范围。因此，在预测企业未来发展的条件下，有计划地逐步调整人员的分布状况，把人工成本控制在合理的支付范围内，从而提高企业劳动效益的规划是十分重要的。

人力资源规划还可通过对现有的人力资源结构进行分析检查，找出影响人力资源有效运用的主要矛盾，充分发挥人力资源效能，降低人工成本在总成本中的比重，提高企业的经济效益。

众所周知，人力资源规划是一项系统的战略工程，它以企业发展战略为指导，以全面核查现有人力资源、分析企业内外部条件为基础，以预测组织对人员的未来供需为切入点，内容包括晋升规划、补充规划、培训开发规划、人员调配规划、工资规划等，基本涵盖了人力资源的各项管理工作，人力资源规划还通过人事政策的制定对人力资源管理活动产生持续和重要的影响。人力资源战略与规划在组织制定战略目标与发展规划、调动员工的积极性和创造性、控制人力资源成本等方面都发挥了无可替代的作用，同时也显现出了无与伦比的重要地位。

1.2 人力资源规划的具体内容

1. 广义的人力资源规划内容

（1）人力资源战略发展规划

（2）组织人事规划

（3）人力资源管理费用预算

（4）人力资源管理制度建设

（5）人力资源开发规划

（6）人力资源系统调整发展规划

2. 狭义的人力资源规划内容

（1）人员配备计划

（2）人员补充计划

（3）人员晋升计划

3. 人力资源规划的具体内容

表1-1 人力资源规划具体内容表

计划类别	目标	政策
总规划	总目标（绩效、收缩、保持稳定）	基本政策（扩大、收缩、保持稳定）
人员补充计划	人员的类型、数量、层次，对人力素质结构及绩效的改善等	人员素质标准、人员来源范围、起点待遇
人员分配计划	部门编制，人力结构优化及绩效改善，人力资源职位匹配，职务轮换幅度	任职条件，职位轮换范围及时间
人员接替和提升计划	后备人员数量保持，提高人才结构及绩效目标	全面竞争，择优晋升，选拔标准，提升比例，未提升人员的安置
教育培训计划	素质及绩效改善，培训数量、类型、提供新人力，转变态度及作风	培训时间的保证，培训效果的保证（如待遇、考核、使用）
劳动关系计划	降低非期望离职率，干群关系改进，减少投诉和不满	参与管理，加强沟通
退休解聘计划	编制、劳务成本降低及生产率提高	退休政策及解聘程序

1.3 企业人力资源现状的SWOT分析

SWOT分析法原本来自市场营销领域，通常是市场战略分析家们用来分析企业内外部环境、制定企业发展战略的一种使用技术。然而，技术方法本身不具有专业性，我们同样也可以借用SWOT分析法为与企业战略紧密联系的人力资源规划服务，并且从SWOT分析的方法理念来看，在人力资源规划中使用SWOT分析法也是切实可行的。原本对企业内部环境的优劣分析，在人力资源规划中可以转化为企业目前人力资源状况的优劣分析；而企业外部环境的机会和威胁分析，就相当于对劳动力市场的影响因素、可供选择的人员的前景分析和竞争对手的威胁。通过综合自身的优势和劣势，认清周围的劳动力市场环境和前景，企业可以降低决策的难度，更准确地制定人力资源规划。

1. 使复杂信息清晰化

"决策，管理者的工作实质"是现代管理领域里的一句名言，管理者的身份就是决策者的身份。人力资源规划作为人力资源管理的起点，它本身就是一个决策的过程。而在决策中起到重要作用的是捕获及时、准确的相关信息资料。

如今，企业面对着越来越复杂的市场环境，如何统筹外部情况和企业的现存情况，合理地做出规划，是企业必须面对的问题。人力资源规划是一个复杂的认知过程，决策者不仅需要有关自我和环境的信息，而且要仔细衡量各种可供选择的信息。可以说"信息决策"是人力资源规划的重中之重。而通过SWOT分析法制定人力资源规划，列出企业的优势、劣势、机会、威胁，复杂的信息得以明朗化、清晰化，企业决策者能够清楚地认识企业所处的情况并加以分析，从而提高决策的准确性。

2. 使人力资源规划更具战略性

企业通过运用SWOT分析法进行内部营销，可以使人力资源管理与企业总体战略保持一致。如同企业业务战略需要变化和发展一样，企业的人力资源规划也需要变化和发展。企业不同的业务战略环境影响着人力资源规划，不同的企业环境需要具有不同能力的工作人员。在环境发生变化的时候，企业往往希望能招募到适合新环境的人，这实际上就是确定新的人力资源规划要求。

企业根据人力资源SWOT分析，特别是分析、比较竞争对手在核心竞争力中的人才优势，选择具有竞争优势的战略，保持、稳固自己最优秀的人才，防止其流入到竞争对手公司；从社会上吸引竞争对手的关键人才，组建成适合自身队伍的更优秀的人才团队；或者直接从竞争对手那里吸引其核心人才。构建SWOT矩阵，有利于管理人员对企业所处情景进行全面、系统、准确的研究，采取相应的WT战略、WO战略、ST战略和SO战略。因此，运用SWOT分析法将使人力资源规划更具战略性。

3. 建立四维立体人力资源规划

传统的人力资源规划往往采取单线的人力资源分析和战略选择，而此种方法并不能有效地结合企业自身和外部环境情况，同时又容易陷入人力资源规划的陷阱中，即存在晕轮效应：决策者容易关注企业某方面的突出情况而影响整个计划的制订。通过在人力资源规划中导入SWOT分析法，企业可以节省时间和精力，不去追逐那些目前看起来更有利的机会。企业如果能够将自身的优势和即将来临的机会进行很好的匹配，这个企业就会在未来的竞争中处于优势地位。同时，企业不需要刻意担心自身的劣势所在，反而可以利用机会来弥补劣势或者使劣势趋于最小化。总之，企业应把SWOT分析中的四个维度（内部优势因素、弱点因素、机会因素和威胁因素）综合起来考虑，建立四维立体人力资源规划。

4. 使人事决策科学化

从现代企业管理的要求和市场人才竞争的激烈演化来看，"领导说了算"的人事决策方法风险越来越大。只有把SWOT分析法运用于人力资源规划中，通过利用变量因数法给SWOT矩阵中每个维度的每一项因素配以权重，并根据权重进行定量分析，根据当时、当地的人才市场情况和企业具体情况，用数量化的方式把企业优势、机会结合起来与劣势、威胁相比较，企业才能够清晰地分析出自己选择战略是否比他人具有优势。把人员任免的话语权交给一套人事决策模型，而不是交给某一个或几个人，这必然大大地提高人事决策的科学性。

5. SWOT分析法劣势分析

表1-2　SWOT分析法劣势方面分析表

劣势	劣势机会策略	劣势威胁策略
（1）在人力资源配置上，随意性代替规范化 （2）在人才开发利用上，轻培训，优秀销售员数量较少 （3）在激励机制上，缺少人文关怀 （4）企业内部劳动力市场人力资源供给存在年龄阶梯 （5）公司近3年的销售人员离职率较高，为20%	（1）进行人力资源外包，制定合理的招聘制度，以规范化的制度作为管理的主要手段 （2）重视企业培训、提升员工素质，尤其是销售人员的培训 （3）人员录用时注重其可塑性开发价值，基本素质要高，多给年轻人一些机会 （4）人力资源规划围绕企业战略目标，合理配置人员，减少不必要的人工成本	（1）稳定的劳动关系，制订高层管理人员培训计划进行内部提升，并对培训绩效实行量化管理 （2）制订自助餐福利计划，增加激励有效性 （3）提高优秀销售员的奖金比例，给有能力的人以相应的地位和待遇，稳定核心骨干以提高其留任率

6. 人力资源规划过程中SWOT结果的应用

表1-3　SWOT结果应用表

计划类别	目标	政策
总规划	总目标（绩效、收缩、保持稳定）	基本政策（扩大、收缩、保持稳定）
人员补充计划	人员的类型、数量、层次，对人力素质结构及绩效的改善等	人员素质标准、人员来源范围、起点待遇
人员分配计划	部门编制，人力结构优化及绩效改善，人力资源职位匹配，职务轮换幅度	任职条件，职位轮换范围及时间
人员接替和提升计划	后备人员数量保持，提高人才结构及绩效目标	全面竞争，择优晋升，选拔标准，提升比例，未提升人员的安置
教育培训计划	素质及绩效改善，培训数量、类型，提供新人力，转变态度及作风	培训时间的保证，培训效果的保证（如待遇、考核、使用）
劳动关系计划	降低非期望离职率，干群关系改进，减少投诉和不满	参与管理，加强沟通
退休解聘计划	编制、劳务成本降低及生产率提高	退休政策及解聘程序

因此，SWOT分析法也可以看作是在人力资源规划中的一种可利用技术。应用这种方法，企业能够通过进行自我评估，更准确地认识到威胁自身发展的

机制和可把握的机会，明晰自身的优势、劣势，从而能够就外部人力资源状况和企业自身的情况做出最佳的决策，制定出更科学、准确、富有战略性的人力资源规划。

1.4 如何开展人力资源现状审计

人力资源现状审计主要是指针对涉审公司的人才梯队的现状进行评估、分析，主要包括公司人力资源使用效率、人力资源数量结构与能力素质、员工心态（满意度）、公司员工流失率等四个方面的审计分析。

第一，人力资源使用效率是对涉审公司人力资源管理结果进行度量审计，一般使用劳动生产率指标进行衡量

劳动生产率指标可以依据公司的销售收入、产量、企业员工总人数、人力总成本等因素的对比来进行计算。在进行审计分析时还应当注意结合不同类型的人员划分，如将产能与生产人员进行对比；在分析的同时还要结合企业的历史数据，观测企业劳动生产率的变化趋势特征。如果在审计过程中发现劳动生产率有下降趋势，审计人员就应当有所警觉，进一步判断劳动生产率下降的根本原因。这里需要指出的是，不同性质人员的劳动生产率分析可以选择不同的对比参数，例如，如果觉得有必要分析管理人员的数量增长对企业产出贡献，就可以运用管理幅度指标（管理幅度＝非管理人员数量÷管理人员数量）在历史期间的变化态势来判断管理序列人员的劳动生产率。

第二，涉审公司在人力资源数量、结构与能力素质方面的审计，应重点考察人员数量增长与其产出之间是否保持协调

审计人员可以从企业近5年的销售额与员工人数对比分析或人均产值指标

来进行分析。它对于检查公司是否合理控制人员数量及结构、保持合理的人力成本有着重要的指标意义。在结构方面，主要对比公司不同岗位序列人员在数量分布的比例上是否合理。不同岗位序列员工之间的比例关系会因公司所在的行业、类型有所差别。例如，机械制造型公司研发序列人员与生产序列人员比例必然要比机械科研院所型公司比例低。在素质审计方面，要注意公司人才梯队建设的良好状态是金字塔形的结构，如果出现哑铃状或菱形的人才梯队结构，则表明其人才梯队建设出现了结构不合理的问题：前者表明中层管理人员与技术人员将出现断档，后者则表明初级技术人员与基层管理人员在将来的某一特定时段将出现人才危机。

第三，随着现代社会生活的压力越来越大，公司员工心态状况也越来越受到集团人力资源审计的高度重视

如果员工的心态不佳，对工作满意度极低，则势必会影响他们的工作效率及人才梯队的稳定性。因此，集团人力资源审计必须重视员工的心态分析。员工心态审计内容可包括员工工作满意度调查、组织温度测试及员工期望分析等方面。

第四，涉审公司员工流失率的高低是反映其人力资源管理水平的一个重要的衡量指标

一般来说，员工流失率不宜过高，也不宜过低。流失率过高会导致该公司招聘、培训成本过高，同时会影响到人员的工作效率。而流失率过低则会导致公司固本自守，不易引入新鲜血液，不易有创造性改变。一般实践认为，流失率控制在5%~15%是比较合适的，当然，该指标的衡量标准也会随着公司所处的行业、地区等要素的变化而有所变化。因此，在进行分析时，审计人员应当结合企业所处的行业、地区来进行数据对比分析，如果数据全面，则还可以进一步区分不同岗位序列、分时间段进行员工流失率对比。

表1-4 人力资源现状审计表

序号	检查内容	检查方法	检查记录				
			优良程度从H到C依次递进	H	A	B	C
1	公司的质量方针和质量目标	与部门负责人交谈	能较清楚地理解公司的质量方针和质量目标，并能清楚地表述				
		审查本部门的质量目标分解	能针对公司的质量目标制定本部门10年度的质量目标				
		部门质量目标落实情况	是否有10年度部门质量目标分解落实情况记录				
2	职责、权限与沟通	与部门负责人交谈	能较清楚本部门的工作职责和工作权限；负责人员需求规划及招聘，负责新进人员、在岗人员的培训管理工作并对培训结果进行效果分析和统计；负责建立各部门的职责和权限，确定各类人员的岗位职责与权限，负责员工试用、考勤、转正、升迁、离职、奖惩管理；负责员工劳动合同和社会劳动保障社会福利工作，负责行政管理制度的建立和管理；负责员工绩效考核工作				
		内部沟通方面	能与其他部门进行良好的沟通，沟通方式为书面通告或RTX内部网络				
		审查是否建立规定人员工作岗位职责	建立行政管理制度，建立招聘管理制度；形成考勤管理规定、离职管理规定、厂牌管理规定				
		审查各部门人员花名册记录	已建立10年度员工花名册（电子档）				

续表

序号	检查内容	检查方法	检查记录			
			优良程度从H到C依次递进	H	A	B	C
3	人力资源控制程序	人员招聘	通过招聘会、网上发布招聘、猎头公司、与各大中专院校联系、临时性在外设点招聘、内部员工介绍等形式进行招聘				
		审查应聘人员履历表相关资料	建立应聘人员履历表、应聘人员档案资料				
		审查各部门提交的培训需求、培训申请	抽查：消防安全培训申请表、生产人员培训申请表、技术开发人员培训申请表、财务人员培训申请表、市场营销人员培训申请表、客户服务人员培训申请表				
		审查10年度的根据各部门的培训需求制订的培训计划	已制订10年度培训计划表				
		审查培训计划的组织、实施、落实情况（培训记录）	抽查技术开发人员的培训记录：有培训申请表、培训记录，考核方式为现场操作考核，考核结果有评价				
		审查员工劳动合同的签订和社会福利保障相关记录	存有10年度员工劳动合同花名册（电子档）；存有员工社会养老保险和医疗保险申请记录、办理记录				
4	文件、质量纪律控制程序	审查10年度受控文件、外来文件目录清单	是否形成10年度受控文件、外来文件目录清单				
			查人员增补申请表、员工晋升/转正申请表、人员异动申请表，是否均有审批手续				

1.5 战略性人力资源规划的关键

由于人力资源是企业获得持久竞争优势的保障，因此越来越多的企业集团都开始重视人力资源的整体规划，希望通过有效的人员规划，使企业拥有数量充足和质量优良的人力资源来支撑事业的持续发展，保证企业中长期发展战略的实现。

人力资源规划的关键在于统筹人资源规划的内容，如图1-1所示。

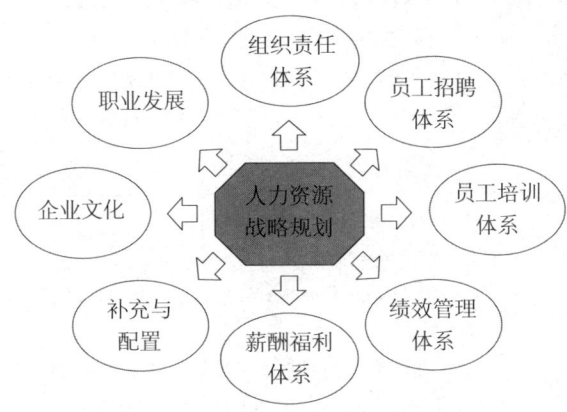

图1-1　人力资源规划关键内容

战略性人力资源规划的关键在于它将人力资源视为一种获取竞争优势的首要资源，强调通过人力资源规划、政策及具体实践，获取能与企业战略垂直匹配并能与企业内部活动水平匹配的具有竞争优势的人力资源配置，并认为所有人力资源活动都以达到企业目标为根本目的。

战略性人力资源规划的核心功能是参与企业战略决策，根据内外环境的需要倡导并推动变革，进行企业整体的人力资源规划和实践活动。战略性人力资源与战略规划有一种动态的、多方面的持续联系，其职能直接融入企业战略形成和执行的过程中。

人力资源规划环境分析，如表1-5所示。

人力资源战略规划是人力资源具体管理工作的根本出发点，对人事发展、绩效管理、薪酬管理、培训管理等业务管理功能模块起着重要的引导作用。鉴于国内企业集团在规划方面缺乏先进的管理理念、实践经验不足的现状，我们认为，多数企业的人力资源战略规划应着眼于人力资源规划体系的建立，而并非传统意义上仅仅是对企业人员的需求和供给规模进行预测和平衡。

表1-5　人力资源规划环境优劣比较

外部 　　环境分析 内部 环境分析	机会 （1）一般劳动力供给充足 （2）私营企业受到人才青睐 （3）政府政策促进人才流动 （4）劳动力素质普遍提升	威胁 （1）高级劳动力供给不足 （2）职业经理人阶层的职业道德问题 （3）房地产企业薪资日益提高 （4）行业竞争加剧，流动率大
优势 （1）企业的发展前景良好 （2）灵活的人事反应机制 （3）薪酬政策处于同行业的领先水平 （4）高层管理者对人力资源的重视 （5）高度的组织凝聚力	优势机会策略 （1）制定灵活的招募政策，及时补充新鲜血液 （2）根据企业发展规划，制订职务编写计划 （3）薪酬调整为"基本薪酬+佣金+奖金制"，使之更具有激励作用 （4）建立奖励集体的制度，把个人间的竞争转为团队间的竞争，提升团队绩效	优势威胁策略 （1）进行高层管理者的绩效考核，防止道德风险 （2）保持组织的高层领导的连续性 （3）利用优秀的企业文化增加劳动力市场的竞争力 （4）对高层领导者进行股权激励
劣势 （1）在人力资源配置上，随意性代替规范化 （2）在人才开发利用上，轻培训，优秀销售员数量较少 （3）在激励机制上，缺少人文关怀 （4）企业内部劳动力市场人力资源供给存在年龄阶梯 （5）公司近3年的销售人员离职率较高，为20%	劣势机会策略 （1）进行人力资源外包，制定合理的招聘制度，以规范化的制度作为管理的主要手段 （2）重视企业培训，提升员工素质，尤其是销售人员的培训 （3）人员录用时注重其可塑性开发价值，基本素质要高，年龄要小 （4）人力资源规划围绕企业战略目标，合理人员配置，减少不必要的人工成本	劣势威胁策略 （1）稳定的劳动关系，制订高层管理人员培训计划进行内部提升，并对培训绩效实行量化管理 （2）制订自助餐福利计划，增加激励有效性 （3）提高优秀销售员的奖金比例，给有能力的人以相应的地位和待遇，稳定核心骨干，提高其留任率

1.6　战略性人力资源规划的重要作用

在现代企业人力资源管理中，人力资源战略规划是与企业的发展战略相匹配的人力资源总体规划。它不仅确立了企业整体人力资源开发与管理的战略目标体系，而且规定了组织在未来人力资源管理方面需要做的具体工作，可以实现人力资源与其他资源、其他模块的有效配置，提高组织的人力资源利用率，是企业人力资源管理体系形成的基础和保证。企业的人力资源体系能否建立起来，建立的完善程度，甚至组织的竞争力、企业未来的发展情况，在很大程度上取决于企业的战略性人力资源规划制定的内容是否全面、流程是否合理以及规划设计总体水平的高低。

战略性人力资源管理的重要作用具体表现在以下几个方面。

1. 把握动态性和预见性以保证企业正常运行

战略性人力资源规划一般由总体规划和部门业务计划构成，企业的招聘、调职或是培训等规划活动都是根据企业内部环境的变化以及企业目标和战略的调整制定的，以满足企业对人力的动态需要。此外，战略性人力资源规划还可以预测和判断企业组织所面临的机遇、挑战以及所受到的威胁，深化对优势和劣势的认识，预见企业组织战略实施执行过程中将遇到的障碍，有利于实现企业人力资源管理活动的有序化，保障企业各项活动的有序进行。

2. 优化人员配置，提高企业效率

面对企业内外部环境的变化以及战略的不断调整，战略性人力资源规划可以通过动态地调整人力资源配置不平衡的状况，以达到人力资源的最优化配置。而且企业通过有计划地将一部分事务性工作外包，也可以实现企业的人事优化，提高企业的劳动效率。

3. 有利于控制人力资源成本

越来越多的企业认识到人力资源是价值创造的源泉，但花在员工身上的成本与员工所创造的财富价值很多时候都是不成比例的，而通过战略性人力资源规划可以预测企业的人员变化，调整企业的人员结构，找出影响人力资源有效运用的主要矛盾，充分发挥人力效能，从而把人工成本控制在合理的水平上，降低人力资源成本，增加企业财富。

4. 调动员工的积极性，实现企业和员工的双赢

战略性人力资源规划是以企业和个人为依据制定的，因而只有在战略性人力资源规划的条件下，在员工自己适合做什么、企业组织的战略目标是什么、价值观是什么、岗位职责是什么、自己如何有效地融入组织中、如何挖掘自己的潜能、如何设计自己的职业生涯等方面才是可知可控的。企业的发展、进步与员工个人的发展息息相关，企业若想在日趋激烈的市场竞争中站稳脚跟、有所突破，则应从战略目标实现的角度激励员工，调动员工的积极性和创造性，实现企业和员工的双赢。例如，青岛啤酒坚信"没有完美的个人，只有完美的团队"，允许每个个体都有其不完美的地方，只把重点放在如何发现员工的优势上，关心的是组织是否将员工放在了适合的位置，员工的价值是否得到了实现、成就感是否得到了满足，也正因为有这样的团队，青岛啤酒才在激烈的竞争中走得越发稳健。

1.7 人才战略缺失对企业发展的危害

在衡量和构建一个组织所涉及的很多重要方面，出现的最明显的问题就是人才匮乏。从基层班组到中高层，从生产技术部门到职能管理部门，人才资源

的缺失是企业发展最大的阻力。

人才战略的缺乏使很多企业的运营步履维艰。

1. 人才战略缺失导致人才的缺失，人才流失带给企业的危害是难以弥补的，和人才离职前在企业肩负的责任是相对应的

管理人员的离职，带给企业的是经营理念的中断、团队不稳甚至是管理层的瘫痪；销售人员的离职，带给企业的是商业机密的外泄和市场份额的流失；技术人员的流失其实就是企业核心技术的流失和研发项目的中断或夭折。同时，人才流失到同行或竞争对手方面，对企业的危害更是致命的。核心技术和商业机密尽失，市场被对手所侵占，企业在和对手的竞争中必然将失去优势。

2. 人才战略的缺失对公司员工的心理和企业整体工作氛围的消极影响是不可低估的

人才离职的"示范"作用，会使企业员工心态不稳、士气低落，工作效率下降。在这个时候，如果企业的人力资源管理存在缺陷，员工平时情绪积累较严重，就有可能发生员工集体离职热潮，祸及企业各个方面。

3. 人才战略的缺失使人不能尽其才，物不能尽其用

没有好的人才战略就有可能不把专业人才放在专业位置上，不把关键人才放在关键位置上，企业费尽心思招聘的员工不能胜任该岗位。由于人才战略缺失，因此企业做不到人员与岗位的合理衔接，造成了人力、物力、财力的大量浪费，企业效益便会受到影响。在员工方面，员工对职位的满意度低会直接影响其工作积极性，从而使人力资源使用率大大降低。

4. 人才战略的缺失给企业带来经济损失

离职人员的招聘成本、培训费用、薪酬维持费用等以及人才重置成本，是企业必须承受的。国外的研究表明，在人才流失后，重新招聘和培训人员替代的费

用是维持原人才所需薪酬额的2.8倍以上。所以,员工离职大大地加重了企业的经济负担。

5. 人力资源管理者的素质要求

人力资源管理者的素质要求见图1-2。

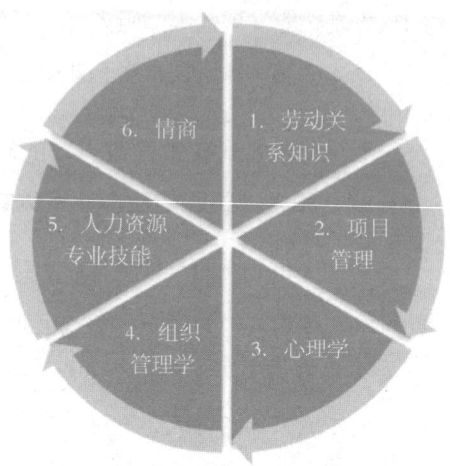

图1-2 人力资源管理者素质模型

1.8 人力资源战略定位

1. 人力资源战略定位的方式

人力资源战略定位包括以下三种方式。

(1)追求人力资源的专业化与职业化

在这种定位阶段,人力资源从业者成功的关键是效率。

人力资源的专业化与职业化的基本表现形式是:专业的招聘与面试技巧、课程体系的设计、岗位体系与能力模型的打造、专业的薪酬体系设计等。

在这一阶段,人力资源从业资格证书是他们的一个标志。这种定位者大多来自于成长中的公司,这也与其公司追求专业化和职业化有关。有一些大公司也如此定位,这也就是我们所说的,在大公司每个人都是一颗螺丝钉的原因。当一个人加入一个这样的大公司,基本上员工的工作职责在哪个领域,他所能知道的就是哪个领域的内容了,这些内容也基本构成了其专业化和职业化的核心。

(2)成为业务伙伴

在这种定位阶段,人力资源从业者成功的关键是信任。

获得业务部门的信任对于这一定位的实现起着至关重要的作用。之所以有这种定位，一般来说是因为公司已经发展到一定程度，公司的规模相对较大。因为有不同的业务单元存在，人力资源部为了更好地接近业务，产生了业务部门的人力资源管理人。

在这种定位下，人力资源从业者会更加关注员工的问题。员工不仅产生人力成本，更是一种资源，需要大力开发。资源利用得好与不好都会对业务产生很大的影响，因此这个定位基本上是为了帮助业务部门更好地开发人力这个资源而存在的。

（3）成为业务的一部分

在这种定位阶段，人力资源从业者成功的关键是效果。

当人力资源定位为业务伙伴的时候，一个潜在的假设是：我只是业务伙伴，因而业务的好坏与人力资源部关系不是很大，业务部门才是业务的主要人。

事实上，我们从未见过一个公司的财务部、销售部或市场部提过要成为业务伙伴这样的要求，这是为什么呢？原因很简单，他们有自身独立的系统。我们都知道，业务的好坏关键在于员工素质的高低，因为所有业务都是要靠员工去完成的。

成为业务的一部分，实质上是树立起主人翁意识，主动地站在业务的立场上，主动地承担起责任，一切以业务部门为重。此时，已经不存在共同语言的问题了，在某种程度上来讲，人力资源会极大地影响甚至主导业务的发展。

2. 公司明确战略目标定位

公司战略目标一般从客户服务、利润与增长、核心技术能力等方面综合考虑确定。

例如，某公司的战略目标分解示意图如图1-3所示。

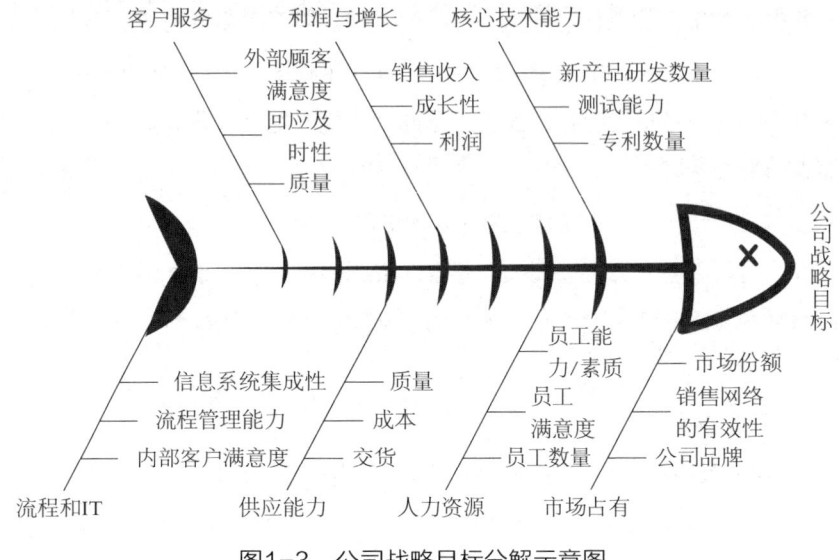

图1-3 公司战略目标分解示意图

1.9 人力资源管理职能转变的角色定位

根据不同企业经营模式可以看出,并不存在普遍成功、有效的人力资源管理模式,因为人力资源管理本身就是一门复杂多变的、随时代发展不断更迭的实用性科学。因此并没有一个可以套用到各式各样的公司业务中去的固定核算绩效方式。有效的人力资源管理战略既要注重差异,创造竞争优势,又要借鉴运用传统的、共性的理论模式,让人力资源管理工作者尝试和实践。

将人力资源管理团队的核心任务从行政管理转移到战略管理。在现代的人力资源管理中,人力资源管理人员的价值体现在其服务所带来的效益。绩效考核的方式也更侧重于员工和管理者的能力。业绩下滑的责任也是向各个部门层层追究的。例如,市场部推销上线的产品相比其他同类的竞争产品销量差,由市场部负责;但是如果人力资源管理人员设计的政策和制度比竞争对手差,则由人力资源部门负责。正是因为公司人力资源的相关政策和制度直接影响士气和满意度，所以人力资源部必须设计和创造出一个有竞争力的组织结构，通过人力资源管理人员的识别和组织能力，充分开发员工的工作潜能，这样才能满足企业创新的要求，人力资源管理人员才算尽职。要完成这样的任务，人力资源管理人员和团队必须参与公司战略计划的制订、变革组织机构的实施。这样，人力资源管理人员才能了解公司业务的现状和发展趋势，通过和业务经理进行有效的沟通，深刻了解公司业务对人力资源管理的具体要求，建立人力资源管理的新思维和模式，充分体现自己的价值。

过去，人力资源经理更多的是在关注人力资源的具体职能是什么，诸如招聘、薪酬、绩效考评、人才测评、沟通、组织设计、团队建设、培训等。而现在更注重人力资源管理的产出/结果，更注重人力资源管理提升组织绩效、创造附加价值，更注重提升组织的核心能力。人力资源经理只有解决了人力资源的产出/结果的问题，才有可能成为真正的"战略合作伙伴"。

1. 提高认识

人力资源真正成为企业的战略性资源，人力资源管理要为企业战略目标的实现承担责任。人力资源管理在组织中的战略地位上升，并在组织上得到保证，如很多企业成立人力资源部门，使高层管理者关注并参与到企业人力资源管理活动中。

2. 责任到位

人力资源管理不仅是人力资源职能部门的责任，而且是全体员工及全体管理者的责任。企业的人力资源管理，过去是人事部的责任，而现在，企业高层管理者必须对此负责，并关注人力资源的各种政策。目前的人力资源管理可以分为3个部分：一是专业职能部门人力资源管理工作；二是高、中、基层领导者如何承担、履行人力资源管理的责任；三是员工如何实现自我发展与自我开发。

人力资源管理的一项根本任务就是如何推动、帮助企业的各层管理者及全体员工去承担人力资源开发和管理的责任。

3. 人力资源管理由行政权力型转向服务支持型

人力资源职能部门的权力淡化，把权力分放在各个部门和领导人的手上，这样使部门经理的人力资源管理责任增加、员工自主管理的责任增加，从而提高责任人和员工的工作积极性。

4. 与时俱进

目前组织变化速度很快（现在的组织是速度型组织、学习型组织、创新型组织），人力资源管理要配合组织不断地变革与创新，就需要创新授权，通过授权，建立创新机制。

在企业中引入新的团队合作，形成知识型工作团队，让一个个战略单位经过自由组合，挑选自己的成员、领导，确定其操作系统和工具，并利用信息技术来制定他们认为最好的工作方法。这种被称为"自我管理式团队"的组织结构已经成为企业中的基本组织单位。

1.10 人力资源职能定位

人力资源战略规划与组织发展在人力资源管控体系的六大功能模块（人力资源规划、招聘与配置、培训与开发、薪酬管理、绩效与福利和劳动关系）中，居于战略功能地位，而其他五个管理模块具有业务功能的属性。企业集团的人力资源规划是为实现企业战略目标，对相应人员做出的战略部署和规划，是企业业务发展规划在人力资源层面的具体落实和体现。人力资源要想发展就必须赋予自身新的职能定位。

1. 实现务实功能与务虚功能分隔专业化发展

（1）务实功能的技能设定

人力资源、营销管理、生产管理。

（2）务虚功能的技能设定

①人力资源知识；

②资本运作及财务知识；

③市场营销知识；

④生产管理知识；

⑤法律法规知识；

⑥本企业专业知识；

⑦公共统筹能力、策划能力、演讲能力、写作能力等。

2. 在各个方向上实现专门化、专业化、系统化发展

①企业经营战略、企业文化建设方向

②运营团队建设方向

③营销方向

④生产方向

⑤人力资源方向

⑥财务方向

⑦研发方向

⑧项目方向

人力资源功能定位是通过提高内部员工的满意度、忠诚度，从而提高员工贡献度，即绩效，帮助管理者通过有效组织管理降低成本和加速增长来创造价值链利润。人力资源职能只有在六大职能的基础上进行创新才能更具竞争力。在资源规划与配置环节控制战略性的直观成本；在招聘与配置环节协调企业与员工的利益；在培训开发与绩效考核环节培养核心竞争力；在薪酬与福利环节统筹直观成本，刺激员工工作积极性；在劳动关系环节规避风险实现利益最大化。

人力资源管理在各个部门均有明确的职能定位，以营销部门、生产部门为例，如表1-6所示。

表1-6 人力资源在营销部门、生产部门的职能定位

营销部门	生产部门
（1）撰写作业指导书	（1）招聘培训
（2）建立绩效考核与晋升机制	（2）定岗定编
（3）组织员工培训	（3）劳动效益分析
（4）制订营销策划方案	（4）劳动关系处理
（5）改善营销工作流程	（5）绩效考核
（6）整合资源与处理信息	（6）标准化传承
（7）为决策提供依据	（7）队伍建设
	（8）规避风险

工欲善其事，必先利其器。企业只有根据自身的特点设计相应的人事管理架构，明确人力资源职能定位，配置适宜的人才，才能使得人力资源部门有效地发挥人事专家、业务伙伴和变革推动者的作用，保障、促进企业的长期、稳定、可持续发展。

1.11 人力资源战略规划和发展目标

1.11.1 人力资源战略规划

1. 集中式单一产品发展战略

企业采取这种发展战略时，往往具有规范的职能型组织结构和运作机制、高度集权的控制和严密的层级指挥系统，各个部门和人员都有严格的分工。这种企业在员工选择招聘和绩效考评上，较多地从职能作用上评判，且较多地依靠各级主管。在薪酬上，这种企业多采用自上而下的家长式分配方式，即领导人有绝对的决定权。在员工培训和发展方面，这种企业以单一的职能技术为主，比较考虑整个系统。采取集中生产单一产品的最典型的企业是麦当劳公司。麦当劳公司根据自身的企业战略，制定了一套健全、公平的晋升机制和工资政策。

2. 纵向整合式发展战略

采取这种发展战略的企业在组织结构上仍较多地实行规范性、职能型的运作机制，控制和指挥同样较集中，但这种企业更注重各部门实际效率和效益。因此，企业在挑选、招聘人员时，主要参考客观标准，注重工作经验与能力，并同时进行企业内部和外部的招聘。在绩效考评时，企业也较多地依靠客观标准，立足于事实和具体数据。奖酬的依据主要是工作业绩和效率，并且注重物质奖励。在培训时，企业注重开展正规的技能培训，员工的发展仍以专业人才培养为主，少数通才主要通过工作轮换来培养和发展。

3. 多元化发展战略

采取这种发展战略的企业因为经营不同产业的产品系列，其组织结构较多采用战略事业单位（SBU）或事业部制，所以这些事业单位都保持着相对独立的经营权。这类企业的发展变化较为频繁，在人员招聘和选择上较多运用系统化标准，并主要从公司内部招募；对员工的考核主要是看员工对企业的贡献和企业的投资效益，运用"内在激励"多于"外在激励"；员工的培训和发展往往是跨职能、跨部门甚至是跨事业单位的系统化开发，即员工的发展和培训计划是大规模的。

1.11.2 人力资源发展目标

1. 人力资源管理的总体目标

人力资源管理的总体目标是指通过人力资源管理活动所争取达到的一种未来状态。它是开展各项人力资源管理活动的依据和动力。

人力资源管理的最高目标是促进人的发展。从生理学角度，人的发展包括生理发展与心理发展。前者是后者的基础，后者发展则进一步影响和促进前者的发展。从教育学的角度看，人的发展包括全面发展与个性发展。全面发展是指人的体力和智力以及人的活动能力与道德品质的多方面的发展，个性发展是指基于个性差异基础上的个人兴趣、特长的开发与发展。全面发展和个性发展是相互促进的关系。二者有机结合是社会高度发展的产物，也是人力资源开发与管理的最高目标。

2. 人力资源管理的根本目标

人力资源管理的目标是充分、科学、合理地发挥和运用人力资源对社会经济发展的积极作用。为实现这一目的，人力资源部门统筹进行资源配置、素质提高、能力利用、开发规划等职能。而发挥并有效地运用人的潜能是其根本目标，因为，已经存在的人力并不等于现实的生产力，它常常是以潜在的形态存在的。因此，人力资源管理的根本目标就是采用各种有效的措施充分发挥劳动者潜力，提高劳动者质量，改善劳动者结构，合理配置和管理使用，以促进劳动者与生产资料的最佳结合。

3. 人力资源管理的具体目标

（1）经济目标

使人力与物力经常保持最佳比例和有机结合，使人和物都充分发挥出最佳效应。

（2）社会目标

培养高素质人才，促进经济增长，提高社会生产力，以保证国家、民族、区域、组织的兴旺发达。

（3）个人目标

进行职业生涯设计、个人潜能开发、技能存量和知识存量的提高，使人力适应社会、融入组织、创造价值、奉献社会。

（4）技术目标

不断完善和充分使用素质测评、工作职务分析等技术手段，并以此作为强化和提高人力资源管理工作的前提和基础。

（5）价值目标

合理地开发与管理，实现人力资源的精干和高效。正如马克思所说，真正的财富在于用尽量少的价值创造出尽量多的使用价值，即在尽量少的劳动时间内用尽量低的成本创造出尽量丰富的物质财富。

人的使用价值达到最大，等于人的有效技能得到最大地发挥。

因此，人力资源开发与管理的重要目标就是取得人力资源的最大使用价值，发挥人的最大的主观能动性，培养全面发展的人。

1.12 案例呈现

A公司是一家大型上市企业，历史悠久，业绩斐然。A公司所在地区是集团的核心，在这里，各种机构设置精密、健全，公司的气氛也是积极进取的。然而，该上市企业注重追求数字业绩，真正为公司创造利益的员工并不算多。低效率、低收益的公司经营方式使企业的生存与发展面临着危机。另外，公司员工对公司所提供的工作条件表现出失望的态度。

A公司实施的薪酬与福利政策处于市场中等水平，因此在市场中的竞争力并不大，对于招揽优秀人才没有特别高的优势可言。而许多其他企业对内部培养成长起来的优秀职业经理人伸来橄榄枝挖取，由于给出的晋升条件和薪酬待遇相对优厚，因此A公司流失了一些优秀人才。

A公司缺乏监督机制，一向采取横纵向管理模式。纵向"山高皇帝远"，无法起到切实的管理作用，只能等业绩不好时进行裁员；横向管理没有实际的作用，管理剥离割裂。业务模式没有紧贴市场，集团决策的产品线没有根据当地情况制定策略。对于集团当地来说，业务发展良好；但对A公司来说，没有根据当地市场制定的一系列策略，比如，产品线的策略、人员的策略、市场的策略等。

1.13 案例分析

A公司人力资源部门应该逐步梳理地方组织结构，做深入的调研，根据地方市场的情况，制定销售策略和组织机构人员策略；要重视人力资源管理，因为员工是创造生产力和价值的核心要素。

重视人力资源规划，就是要把员工的奖惩机制、监督激励机制建立完善：让有能力的、有敬业精神的员工有发挥才干的空间；同时也要有相应的监督约束机制，保障财务风险的有效控制；还要有激励机制，让多劳者多得，少劳者少得，不劳者不得。公司注重公平与效率，方能发挥员工的主观能动性。

人力资源规划的关键是要重视中高层的管理，对中高层不仅要关注能力的培养、业绩的考核，更要关注核心价值观的培养，避免利益专权、故步自封的局面出现。中高层要发挥人力资源"耳目喉舌"的作用，充分了解员工心理、公司业务、员工职业生涯规划、公司近期战略制定等方面，这样，既可以倾听员工的心声，正向引导员工的抱怨，又可以获得有用信息，对市场的敏感信息有所收集和捕捉。

重视组织纪律，建立有效的监督机制。一个组织没有严明的纪律，必然会滋生出各种毒瘤。比如，贪污腐败，利用权力打压有能力的员工，利用公司的时间做与工作无关的事情，利用职权谋私利，滋生出狐假虎威的势利小人……

重建基层员工管理制度。底层员工在一线是最辛苦的。关注他们的生存情况是保障组织稳定和发展的有效途径。一线员工直接服务于客户，直接与市场接触。如果他们很热爱公司，在公司工作顺心舒畅，则他们自然会以高涨的工作热情加倍回报公司。相反，如果他们的工作和生存环境都比较恶劣，则他们不会有心思去做良好的服务，关心客户对产品的满意程度，他们当然也不会为公司尽心尽力地谋求利益了。

第2章
人力资源规范管理制度

在市场经济迅猛发展的环境下，人力资源管理制度的规范化势在必行。只有制定各种规范的管理制度，才能实现人力资源管理的标准化、高效化；只有循序渐进地建立合理、高效、实用的管理员制度，使管理职责层层推进，理顺人力资源管理者的工作职能，才能更完整地体现出管理制度的规范性。

2.1 招聘与录用管理制度

人员招聘与录用管理制度可参考如下内容。

1. 目的

为使公司招聘、录用的实施和管理进一步制度化、规范化和标准化；提高招聘效率，以期适应公司整体发展的需求。

2. 适用范围

适用于集团人力资源招聘录用管理，集团所属子公司各项目参照执行。

3. 职责

根据编制情况，公司定期召开人员状况检查会，就现有人员流动率、缺勤情况及应储备人力、需求人力做出正确、客观的检查建议，作为人事科研、制订人力计划、办理开拓人力来源的参考依据。

4. 人员调拨增补申请作业程序

（1）各单位如需增补人员，先至人事科领取"人员拨补申请单"，填妥后，汇人事科办理。

（2）人事部门接到申请单后，应调查所申请人员是否为编制内所需求、其职位薪金预算是否在控制内、其需要时机是否恰当等问题。

（3）人事部门调查后，即就申请人员的来源做正确的拟办建议，呈总经理核准后，根据指示办理招募预备工作。

（4）人员拨补申请单经批示完毕后，均应转回申请单位，由人事部门凭副本办理。

5．人员招募具体流程

（1）拟订招募计划；

（2）招募职位名称及名额；

（3）资格条件限制；

（4）职位预算薪金；

（5）预定任用日期；

（6）通报稿或登报稿（诉求方式）拟定；

（7）资料审核方式及办理日期（截止日期）；

（8）甄试方式及时程安排（含面谈主管安排）；

（9）场地安排；

（10）工作能力安排；

（11）准备事项（通知单、海报、公司宣传资料等）。

6．常见招聘诉求方式

（1）登报征求：先拟广告稿，估计刊登费，再决定刊登何报，最后联络报社，同仁推荐：以海报或公告方式进行。

（2）进行现场招聘。

（3）参加劳动行政管理单位组织的现场招聘会。

（4）找对口学校引进人员。

（5）在招聘网上发信息进行招聘。

（6）企业内部员工推荐（或加奖励）招聘。

7．应征信处理

诉求消息发出后，会收到应征资料，经审核后，对合格应征者发出"初试通知单"及"甄选报名单"，通知前来本公司接受甄试；不合格应征资料，归档一个月后销毁，但有要求退件者，应给予退件。为了给社会大众一个好的印象，对所有未录取者发出"谢函"也是应有的礼貌。

8. 招聘甄试

（1）笔试

①专业测验（由申请单位拟定试题）；

②定向测验；

③领导能力测验（适合干部级）；

④智力测验。

（2）面谈

①要尽量使应征人员感到亲切、自然、轻松；

②要了解自己所要获知的答案及问题点；

③要了解自己要告诉对方的问题；

④要尊重对方的人格；

⑤将口试结果随时记录于"面谈记录表"。如初次面试不够周详，无法做有效参考，则可再发出"复试通知单"，再次安排约谈。

9. 录用管理

（1）录用人员，接到录用通知后在指定日期内到人力资源部报到，办理正式入职手续，提交录用通知书、居民身份证、最高学历证书、学位证、英语等级证、资历证明、原单位终止或解除劳动合同证明等原件和复印件，证件审验后由本人收回，复印件由人力资源部存档；或不能按期上班，应向人力资源部请假，另行确定报到日期，但必须在接通知日起规定日期内上班。

（2）签订聘用合同（含试用期）。

（3）新进员工携由人力资源部填写的新员工报到单到所属部门报到。

10. 试用管理

（1）新员工录用报到后，人力资源部应做好准备迎接新员工的加盟，具体包括：报到接待，介绍新同事，介绍工作环境，组织提供办公用品等。

（2）新聘员工试用期间，根据职位类别的不同，分别确定试用期限，一般为两个月，最长不超过六个月。

（3）部门经理以上职位，研发、销售等关键职位需签订《员工保密协议书》。

（4）试用期员工应指定专人辅导，发现问题应及时向部门经理或人力资源部汇报。试用期表现特别优秀者经批准可提前转正定级。

11．本制度从发布之日起执行，其解释权、修改权归人力资源部

2.2　内部竞聘管理制度

员工内部竞聘管理制度可参考如下内容。

1．目的

为了规范企业的内部竞聘工作，更好地发掘企业内部的优秀人才，提高员工的工作积极性。

2．适用范围

适用于企业管理职位的竞聘工作。

3．内部竞聘原则

（1）公平、公正、客观。

（2）人岗匹配、择优录取。

（3）企业发展与员工职业发展规划相结合。

4. 竞聘小组的确定

竞聘工作小组成员的来源主要分为以下三个部分。

（1）总经理及高管人员

主要负责把握、了解职位候选人的整体能力并做出最终决策。

（2）人力资源部工作人员

全面负责整个竞聘工作的实施，包括资料的准备、考核方案的制订与实施等。

（3）外部聘请的专家

必要时，企业可以聘请外部人力资源专家，与企业人力资源部的工作人员共同进行试题设计、制定评分标准和进行人员考核等。

5. 申请资格

（1）身体健康，品行良好，工作态度端正，遵守企业的规章制度。

（2）热爱企业，维护企业的利益。

（3）具备竞聘岗位的任职资格条件。

6. 竞聘流程

企业内部参与竞聘的人员主要通过部门推荐和员工申请两种方式产生。

（1）部门推荐竞聘

部门推荐是由各部门经理填写"优秀员工推荐表"（如表2-1所示），提交到人力资源部。经人力资源部审核合格后，再由竞聘工作成员对竞聘人进行更为具体的考核。根据候选人的表现，竞聘工作小组做出相应的决策。

（2）员工申请竞聘

①员工申请是指当中高层领导职位出现空缺时，企业发布职位公告，由员工自主申请该职位。

②通过员工自主申请的方式进行竞聘时，各部门必须协同人力资源部做好协调工作，以免影响企业开展正常工作。

③员工申请竞聘的操作步骤：

a. 人力资源部组建竞聘工作小组，不发布竞聘公告。

b. 符合条件且有竞聘意愿的员工，到竞聘小组指定的地点报名并索取"员工内部竞聘申请表"（如表2-2所示）。

c. "员工内部竞聘申请表"填写完毕后，由直接主管签署审核建议，然后提交到竞聘工作小组。

d. 竞聘工作小组对应聘员工进行全面的资格审查。

e. 人力资源部、用人部门配合竞聘工作小组对审核合格的应聘员工进行考核，考核方式包括笔试和面试两种。

f. 竞聘考核小组根据考核的结果做出录用决策。

【附】内部竞聘制度常用表

表2-1 优秀员工推荐表

姓名		性别		工号	
部门		入职时间		现任职务	
文化程度				现任职时间	
主要业绩及推荐理由	参考：优秀员工可以从以下几个方面进行考量： 1. 工作态度：工作态度端正，任劳任怨，能主动承担工作任务，并想办法去做到最好。具有强烈的工作责任感，对工作高度负责，表现为敢于承担责任、尽职尽责，堪为其他员工的楷模 2. 工作能力：有较强的实际工作能力，独树一帜，能独力处理工作的疑难问题。积极追求工作效率，创造出优秀的工作业绩。追求卓越，足为表率 3. 奉献精神：不计较个人得失，把公司利益放在第一位，具有奉献精神。具有高度的团队合作精神，顾大局，主动合作，积极支持配合相关部门工作 4. 资源控制：具有资源成本控制意识，主动带头节约公司资源，以达到公司物尽其用的目的 5. 创新精神：具有创新的思维、独特的见解、前瞻性理念，表现出超前的意识，能够用自己的创新实现公司技术的进步或资源的节约				

续表

推荐人意见	 推荐人签名 年　月　日
总经理意见	 总经理签字 年　月　日
备注	

表2-2 员工内部竞聘申请表

姓名		性别		出生年月	
学历		学位		进入公司时间	
毕业时间及学历		专业		政治面貌	
现所属部门				专业技术职称	
现职务					
有何专长（工作方面）					
竞聘岗位		竞聘理由			
主要的学习和工作经历					
自我评价					
申请人联系电话		申请人签名			
竞聘资格审核意见（非本人填写）		负责人签名			

7. 竞聘结果

（1）企业按照择优录用原则，确定岗位人选。人力资源部在协调相关部门办好员工调动手续的同时，也要做好竞聘失败员工的思想工作，以免影响他们的工作积极性。

（2）被录用的员工仍需要三个月的试用期。若在试用期间，发现员工不能胜任，则根据企业规定，让员工退出，继续负责他的原职工作。

（3）空缺的岗位由人力资源部根据企业的相关规定及时配备人员。

8. 本制度从发布之日起执行，其解释权、修改权归人力资源部

2.3 考勤管理制度

员工考勤管理制度可参考如下内容。

1. 目的

为保障企业正常生产秩序,使员工出勤有法可依,特制定本制度。

2. 适用范围

适用公司所有在职员工的考勤工作,包括出勤、请假、出差、加班、调休等事宜。

3. 管理职责

(1)人力资源部负责考勤数据的采集、导出、审查、汇总工作;

(2)人力资源部负责员工的出勤、请假、出差、加班、调休等事宜的登记、汇总,月末制出员工考勤报表;

(3)警卫负责员工上下班刷卡的秩序维护及监督工作,同时负责员工迟到、早退登记及收集员工出门凭据;

(4)人力资源部依据刷卡记录不定期抽查员工出勤情况;

(5)刷卡所形成的电脑记录是考勤的原始凭证,由集团公司人力资源部统一管理。

4. 管理办法

(1)考勤卡管理

①考勤卡由人力资源部门统一办理,员工一人一卡,在报到时免费发放。

②员工因工作原因导致考勤卡损坏,可以到人力资源部申请免费更换,以旧换新。

③员工因自己保管不当致使考勤卡丢失或损坏,应向财务部缴纳工本费10

元/张，凭收据到人力资源部领卡。

（2）考勤管理（采用卡片或指纹打卡都适用）

①公司实行每周5天工作制，员工正常工作时间为上午9：00—12：00，下午13：00—18：00，周六和周日休息。

②职工上下班考勤，采取进出集团公司大门刷卡或使用公司内部指纹、头像打卡签到机的办法，刷卡时间：早上班8：00—9：00，晚下班18：00—19：00。

③在规定上班打卡时间后1分钟以上打卡，即为迟到；在规定下班打卡时间前1分钟以上打卡，即为早退。

（3）加班、调休管理

①员工因工作紧急需要加班，部门负责人填写"加班审批表"（如表2-4所示），经分管副总/事业部经理审批后，传至人力资源部门，作为考勤和填制"加班餐饮补助"的依据。

②职工当月有加班，所属部门必须在1个季度内为其安排调休。

③批准权限：加班单由部门负责人填报，分管副总/事业部经理批准，并于加班当天报至人力资源部门。

（4）请假、出差管理

①员工出差须由部门负责人填写"出差申请单"（如表2-5所示），详细填写有关内容，经事业部经理或分管副总审核批准后，到人力资源部门备案。

②出差期间适逢公休日不视为加班，有工作任务的通知部门负责人，由部门负责人提报加班申请。

③职工请假需事先填写"请假条"（如表2-6所示），详细填写有关内容，并且本人完成所有审批后交至人力资源部门，因急事来不及到公司办理书面请假手续的，应及时通知部门相关负责人，由部门负责人代其向有关领导及人力资源部门请假，需在上班后4小时内补办相关手续，并交人力资源部门备案，否则以旷工论处。

④假别及相关说明见表2-3。

表2-3 假别相关说明

假别	说明	假期标准	备注
事假	职工因事经有关领导批准可以请假		事假不计出勤
病假	职工因重病或因工负伤请病假须持县级以上医院开具的证明		
工伤假	依据《北京市工伤职工停工留薪期管理办法》执行		
婚假	职工本人符合法定年龄结婚	婚假3天	婚假中包含工作日视同正常出勤
丧假	职工的法定直系亲属（包括上下两代）	丧假3天	丧假中包含工作日视同正常出勤
	旁系亲属（隔一代或三代内旁系亲属）	丧假1天	
产假	本人分娩、流产（7个月以上）	产假标准为158天，难产的增加产假15天，生育多胞胎的，每多生1个婴儿，增加产假15天	统筹部门按标准发放
	怀孕4个月以上7个月以下流产的	产假为42天	
	4个月以下流产的	产假为14天	
护理假	男性员工的配偶分娩	可享受7天	护理假中包含工作日视同正常出勤
哺乳假	婴儿1周岁以内的女性员工	每个工作日可享受1~2次，共计1个小时	限于每天下班前集中使用，视同出勤。
备注			

⑤请假审批权限：

- 职工请假1天以内，由部门负责人批准；1天以上3天以内，由部门负责人审核，分管副总/事业部经理批准；3天以上7日内由人事主管副总批准；7日以上由总经理批准。
- 主管/处级人员请假7天内（含7天）由部门负责人及分管副总/事业部经理审核，人事主管副总批准；7天以上部门负责人、分管副总/事业部经理、人事主管副总审核，总经理批准。
- 部级请假由分管副总及人事主管副总审核，总经理批准。
- 若职工请假/出差时在工作时间内，部门负责人开具"出门证"（如表2-7所示），经事业部经理或分管副总批准后，员工凭"出门证"打卡出门，"出门证"留存门卫室备查。

【附】考勤管理制度常用表

表2-4 加班审批表

填表日期： 年 月 日

姓名		部门		岗位	
加班时间	___月___日星期（___）___时至___时___共计（___）小时				
加班工作内容					
部门总监/经理审批	审批人签字：				
主管副总裁审批	审批人签字：				
人力资源部审核	审批人签字：				

表2-5　出差申请表

填表日期：　　年　月　日

姓名		部门		岗位	
出差地点及行程安排				交通工具	
往返时间	＿＿＿年＿＿月＿＿日至＿＿＿年＿＿月＿＿日，合计＿＿天				
出差目的及工作计划					
预算费用合计（元）	交通费用预算明细				
	其他费用用途说明				
借支金额	¥：		大写：		

部门经理：　　　　财务部长：　　　　分管领导：　　　　总经理：

本表一式两联 第一联交财务部 第二联交行政部

表2-6　请假条

日期：

请假人		部门	
具体事由			
请假类别	□公假　　□病假　　□事假		
请假时间	自＿＿＿年＿＿月＿＿日＿＿时至＿＿＿年＿＿月＿＿日		
主管意见			
经理意见			

表2-7 出门证

日期：

姓名		部门		岗位		
外出事由					因公外出 □ 因私外出 □	
外出时间	自____年____月____日____时____分至____时____分止					
申请人		主管		部门经理		
出厂时间	年____月____日____时____分			保安确认		
回厂时间	年____月____日____时____分			保安确认		

注：员工上班时间外出时，将此单交给门卫，回公司时到门卫处确认，门卫将此单收集交至人力资源部门。

5. 本制度从发布之日起执行，其解释权、修改权归人力资源部

2.4 休假管理制度

员工休假管理制度可参考如下内容。

1. 目的

为维护员工依法享受休假的福利权益，保障员工身心健康，同时为加强对员工休假的管理，确保员工出勤率满足公司运营和生产需求，保证公司各项业务持续有效开展，依据《劳动法》及国家地方相关管理条例，特制定此制度。

2. 适用范围

适用于本公司所有人员。

3. 休假类别及管理

（1）休假类别

公司休假类别分为法定节假日、休息日、公休假、年休假、病假、事假、婚假、丧假、产检假、产假、陪产假、哺乳假、工伤假、倒休假、节育假共15种。

①法定节假日

法定节假日是国家统一规定的假期，为带薪假。

②休息日

休息日即带薪假，正常休息日为每周的周六、日两天；

③公休假

公休假日又称"公休日和公共假日"，是指国家法律明文规定的带薪休假制度。

④年休假

年休假即员工入司工作满1年（入司工作起始时间以人事系统入职时间为准），可享受年休假，年休假为带薪假。

- 原则上在本公司工作已满1年不满10年的，可享受年休假5天；已满10年不满20年的，可享受年休假10天；已满20年的，可享受年休假15天。
- 公司根据整体工作情况，安排批准员工年休假。年休假在1个年度内可以集中安排，也可以分段安排，一般不跨年度安排，年休假以半天为最小的休息单元。公司确因工作需要不能安排职工年休假的，经员工本人同意，可以不安排员工休年休假。对职工应休未休的年休假天数，公司按照相关规定支付工资报酬。
- 职工有下列情形之一的，不享受当年的年休假：累计工作满1年不满10年的职工，请病假累计2个月以上的；累计工作满10年不满20年的职工，请病假累计3个月以上的；累计工作满20年以上的职工，请病假累计4个月以上的。

- 年休假需要提前1星期申请，由经理审批结束后，做好工作交接后方可休假，且要求年休假期间保证联系畅通。

⑤病假

- 员工因病或非因工负伤，半天以上用于治疗的，可以请病假到医院就诊。就诊后员工须提供本人就医的有效证明，病假方可有效，否则已请的病假按照事假处理。员工若患急病急诊就医的，事后可凭医院的急诊单和费用发票等补办病假手续。
- 请病假1天以上5天以下的，须提交加盖医院公章的病休证明，并经领导同意方可休假；请病假5天以上者须提交病历、药费单据及就诊医院开具的病假证实方可生效，否则按事假论处。
- 员工病假日工资按照当地社会最低日工资80%的标准发放日生活补助。
- 全年休病假超过2个月者不享受公司当年的晋级、调薪。
- 员工因病或非因工负伤，无法正常上班，根据本人在公司的工作年限，按国家相关规定给予相应的医疗期。员工医疗期满仍无法胜任原岗位工作的，公司适时进行调岗；调岗后仍无法胜任的，依照国家有关规定解除劳动关系。

⑥事假

- 员工因事不能上班者可请事假，公司视请假理由和工作需要情况可给予准假、不准假、缩短假期、改变请假日期。
- 请事假应提前1天填写"请假申请单"，经经理批准后方可休假；因特殊情况不能事先请假的，须在1小时内以电话或其他方式通知部门负责人，上班后立即按规定补办请假手续，不按规定时间通知部门负责人或无故不请假者以旷工论处。
- 事假期间不发工资属无薪假，月累计3天事假免当月绩效工资。无绩效工资时，比照扣除岗位工资或基础工资。
- 事假期限每次一般不超过3个工作日，全年累计事假不得超过20个工作日，超过20个工作日的，公司将给予免职或解雇。

⑦婚假
- 在本公司入职后办理结婚登记手续的员工,转正后可享有婚假。原则上婚假必须在结婚登记日起1年内一次性休完,结婚登记日以结婚证上的登记日期为准。
- 按法定结婚年龄(女20周岁,男22周岁)结婚的,依国家婚姻法履行正式登记手续的可享受3天婚假;符合晚婚年龄(女23周岁,男25周岁)的,可享受晚婚假15天(包括3天法定婚假)。
- 请婚假应提前1个月向本部门提出申请,视路途远近可给予适当路程假,经理批准后一并上交结婚证复印件方可休假,否则按事假计。
- 再婚的可享受法定婚假3天,不能享受晚婚假。

⑧丧假
- 员工的直系亲属(父母、配偶、子女、配偶父母)死亡,可给予3天的带薪假,若超出则按事假计;员工的祖父母、外祖父母、配偶的祖父母、外祖父母去世,可享有1天的带薪假,若超出则按事假计。
- 请假应提前1天填写"请假申请单",经各部门负责人及总经理批准后方可休假。

⑨产检假
- 女员工怀孕后在指定医疗机构进行产前检查的,怀孕第1—6个月,每月可享受半天带薪假期以供月检;怀孕第6和第7个月,每个月最长可享受1天带薪假期;怀孕第8个月,最长可享受2天带薪假期;怀孕9个月以上,最长可享受4天带薪假期(包括2天预产假)。
- 请假需提供孕检手册并提前1天填写"请假申请单",经部门经理批准后方可休假。

⑩产假

在本公司连续工作1年以上的员工方可请产假,不满足上述条件的均视为事假。
- 女员工生育享受不少于90天的产假(包括15天的预产假)。已婚妇女23周岁以上生育第一个子女为晚育,实行晚育的,奖励晚育产假45天,难产增加产假15天，多胞胎生育的，每多生育1个婴儿增加产假15天。
- 女员工怀孕流产按地方性劳动法规执行。原则上产假只能安排一次性休假，一次未休完不安排补假；如下属公司所在地政府对产假有不同规定的，按当地规定执行。
- 请假须提供孕检手册作为请假依据。

⑪陪产假
- 已婚男性员工在配偶生育时可申请享受陪产假1~3天，第二胎不再享受陪产假。
- 请假须提供配偶的身份证及孕检手册作为请假依据，配偶达到晚育年龄（24周岁）的给予陪产假3天，未达到晚育年龄的给予陪产假1天。

⑫哺乳假

有不满1周岁婴儿的女员工提供孩子的出生证明，每个工作日即可享受2次哺乳时间，每次30分钟。女员工每天的两次哺乳时间可以在当天合并使用，当天未休完的哺乳假视为自愿放弃，不予补休。

⑬工伤假

员工上班期间内因工负伤，经相关部门审批后，且出具医疗期休假证明后方可享受工伤假期，工伤假处理办法按国家及地方相关政策执行。

⑭节育假
- 对计划生育手术者，按规定给予节育假。
- 节育假为带薪假，请假须提供节育假手术证明作为请假依据，请假批准后方可休假。

（2）特别说明事项

①员工因病、因事需要请假时，应先抵扣年休假；无年休假时，再申请病假或事假。

②凡以上假期类型请假未经批准、事前不请假、假期满未续假的、续假未批者、无故不上班者以旷工处理，按旷工扣除薪资。

③扣除旷工时间的工资，连续旷工3天者，公司予以解除劳动关系。

④请假超过5天需要将手头工作列表汇总成文，完成"假期工作交接表"，交接给相应同事，经行政部批准后方可休假，且休假期间须每天24小时联络畅通，保证接听工作电话，积极配合公司临时遇到的各项应急事宜。

④员工请假未休的，须及时报考勤人员处进行销假。

4. 员工休假审批与管理权限明细

（1）法定节假日：由行政部按照相关国家规定确定具体放假时间，员工依行政部发文进行休假，不需要履行请假手续。

（2）休息日：员工按确定的休息日规律休假，不需要履行请假手续。

（3）其余假期均须规定权限进行请假手续的审批。

5. 本制度由人力资源部监督执行，最终解释权归人力资源部

【附】休假管理制度常用表

表2-8　请假申请表

申请人姓名		所属部门		申报时间	
申请假别		请假时间			
请假事由					
工作交接安排					
领导审批					

注：1. 申请假别指：事假、病假、婚假、丧假等。
　　2. 此单存至行政部，作为考勤依据。

2.5 离职管理制度

员工离职管理制度可参考如下内容。

1. 目的

为规范员工离职管理工作,确保日常工作和生产任务的连续性,确保公司和离职员工的合法权益,特制定本制度。

2. 适用范围

适用于本公司所有有意愿离职的员工。

3. 相关人员职责

(1)人力资源部负责员工的离职管理工作。
(2)离职人员所在部门协助人力资源部完成工作、事务的交接手续。
(3)财务部负责离职员工款项的核算与支付。

4. 合同离职

员工终止履行受聘合同或协议而离职。

5. 员工辞职

员工因个人原因申请辞去工作,有两种情形。
(1)公司不同意,且视为辞职员工违约。
(2)公司同意,但视为员工部分履行合同(视实际情况由双方商定)。

6. 自动离职

(1)不辞而别。

（2）申请辞去工作，但公司未同意而离职。

7. 公司辞退、解聘

（1）员工因各种原因不能胜任其工作岗位者，公司予以辞退。

（2）因不可抗力，公司可与员工解除劳动关系，但应提前30天发布预先辞退通知。

（3）违反公司、国家相关法规、制度，情节较轻者，予以解聘。

8. 公司开除

违反公司、国家相关法规、制度，情节严重者，予以解聘。

9. 离职申请

（1）离职员工，不论是何种方式都应填写员工离职申请表，并按照离职表相关要求逐级审批。

（2）员工离职的书面申报，应提前1个月报送。

10. 员工离职应办理以下交接手续

工作移交。离职员工将本人经办的各项工作、保管的各类工作性质资料等移交至指定的交接人员手里，并要求接交人在离职移交清单上签字确认。

11. 结算

（1）结算条件。当交接事项全部完成，方可对离职员工进行相关结算。

（2）结算部门。离职员工的工作、违约金等款项的结算由财务、人力资源部、行政部共同进行。

（3）结算项目。

①违约金。因开除、解聘、自动离职和违约性辞职产生的违约金，由行政部按照合同违约条款进行核算，包括劳动合同期未满违约金和保密、竞

业协议违约金。

②赔偿金。违约性离职对公司造成的损失，由人力资源部、财务部共同进行核算，包括物品损失赔偿金、培训损失赔偿金。

a. 物品损失赔偿金：公司为方便办公所配置的物品，不能完好归还，按物品使用年限折旧后的余额赔偿损失。

b. 培训赔偿金：按"培训协议"相关条款进行处理。

③工资。

a. 合同期满人员，一般发放正常出勤工资，无违约责任。

b. 公司辞退的人员，一般发放正常出勤工资，双方互不承担违约责任。

c. 因公司经营状况等特殊原因的资遣人员，除发放正常出勤工资外，公司还应另外加付1个月基本工资作为补偿。

d. 项目损失补偿金：项目开发人员违约性离职，其负责的开发任务未能完成和移交，应赔付公司项目损失补偿金。

12. 关系转移

（1）转移条件

①交接工作全部完成（以交接单签字确认为准）。

②违约金、赔偿金等结算完成（以签字为准）。

（2）转移内容

①档案关系。

②社保关系。

（3）公司内部所建立的个人档案资料不再归还本人，由人力资源部分类存档

13. 员工离职工作以保密方式处理，并保持工作连贯、顺利进行

14. 本制度在执行过程中发生异议，经双方协商未能解决，任何一方可以提请当地经济仲裁机构或人民法院解决

15. 本制度从发布之日起执行，其解释权、修改权归人力资源部

【附】管理制度常用表

表2-9 离职申请表

填表日期：　　　　　　　　　　　　　　　　　　　　　年　月　日

姓名		性别		公司任职年限	
部门		职务		上班截止日期	
离职类别	□辞职　□辞退　□除名　□自动离职　□合同到期　□其他				
离职须知会相关部门	□人力资源部　□财务部　□总经理办公室　□其他部门				
申请离职日期			核准离职日期		
离职原因	签字：				
部门审批	部门主管意见 签名： 部门经理意见 签字：				
人力资源部约谈审批			总经理复批		
	签名：		签字：		
备注	本表依照人事管理审批权限逐级核准。 基层人员：各部门经理→人事经理 中层人员：各部门经理→部门总监→人力资源总监→总经理 高层人员：人力资源总监→总经理→董事长				

2.6 绩效与福利管理制度

员工绩效与福利管理制度可参考如下内容。

1. 目的

为体现岗位市场价格与公司创造价值的统一，实现公司与个人共赢，特制定本制度。

2. 适用范围

本办法适用于公司所有员工（不适用于试用期员工与岗位外包员工）。

3. 原则

（1）薪酬是指公司以货币形式支付给员工的各种劳动报酬及相关收入。薪酬福利管理应遵循以下原则。

①竞争性原则：根据市场薪酬水平的调查，对于与市场水平差距较大的岗位薪酬水平应有一定幅度调整，使公司薪酬水平具备一定的市场竞争性。

②激励性原则：增强工资弹性，通过绩效考核，使员工的收入与公司业绩和个人业绩紧密结合，激发员工积极性。

③公平性原则：薪酬设计重在建立合理的价值评价机制，在统一的规则下，通过对员工的绩效考评决定员工的最终收入。

④经济性原则：人力成本的增长与企业总利润的增长幅度相对应，用适当工资成本的增加激发员工创造更多的经济价值，实现可持续发展。

（2）公司薪酬福利制度实施协商制与职级制相结合的原则，通过劳动合同进行约定，每个人对自己的薪酬福利保密且不能打听其他同事的薪酬福利，一经发现，将有可能向下调整300~2000元或1~3级工资或直接终止劳动合同。

（3）劳动合同的签订年限为1～5年，第一次签订劳动合同原则上不能超过3年（公司特殊人才除外），应届毕业生第一次合同只允许签订1年期劳动合同，第二次劳动合同签订期限原则上不超过5年。

4．员工薪酬构成

（1）员工薪酬构成

公司员工薪酬由基本工资、岗位工资、绩效工资（年终奖）、津（补）贴4部分构成。

①基本工资：金额相对固定的薪金，随着职位层级的变化而变化。

②岗位工资：根据员工任职的岗位及其职责所对应的工资，薪资随着岗位的不同而调动。

③绩效工资：公司分年/月度按一定的标准进行考核评定后支付给员工相对浮动的薪金。

④津（补）贴：公司按国家规定和公司实际情况支付给员工的各项补助性收入，主要包括午餐补贴、交通补贴、驻外项目伙食补贴、项目补贴、节日补贴等。

（2）年薪制薪酬构成说明

①原则上，公司高层、特殊引进人才与年度薪金总额超过8万元的员工实行年薪制。特殊人才是指根据公司业务发展需要聘请的专家、学者、顾问及各类稀有紧缺人才。公司面向社会公开招聘的特殊人才的薪酬，由公司根据人才市场及行业薪酬情况，与受聘方通过协商方式确定。

②年薪发放一般分为月度与年度两部分，基本工资与岗位工资按月度发放，绩效工资（占比为薪酬总额的20%～50%）按年度进行考核并发放；其中月度部分以月工资的形式支付，年度部分在下一年考评后发放。

③年薪制员工入职未满1个财年（1月1日—12月31日），则年薪按12个月平均后，再按实际入职月份核算。

④年薪制员工在年薪未发放前离职，则此年度未支付年薪部分（绩效工资

与年终奖）将不予支付；非绩效考核部分则按员工实际工作时间支付。

（3）员工试用期薪酬

原则上只发放转正后薪酬的80%（但不低于公司或工作所在地最低工资标准）。

（4）津（补）贴，现行规定如下

①所有津（补）贴的发放与标准由公司制定，公司可根据实际情况进行调整（以下津贴补助标准仅供参考）。

②餐补：发放5元/工作日的午餐补贴（计入员工食堂）；外出工作误餐补贴为20元每餐（午餐与晚餐，早餐不予补贴）；出差餐饮补助按出差相关规定执行。员工的驻外项目伙食补贴标准为300元/月（即每天10元/天），由项目部统一开支且不分发到个人。

③项目补贴：此补贴是专门针对项目部成立后长期在项目上工作的员工，在项目结束后或者停止在项目的工作后，此补贴自动取消；高、中层管理者兼职项目经理，如果薪酬高于项目经理最高级别（含补贴）则不再享受此补贴，否则按项目经理标准享受相关待遇（不超过项目经理标准，含补贴），同时按项目激励方案进行考核。项目经理必须严格项目部考勤制度，真实反馈项目部员工出勤情况，综合事务部将不定期进行抽查，一旦发现情况虚假，将取消违纪员工当月全月补贴，追究项目经理管理失察责任，处罚项目经理1000元/人次。项目补贴标准详见表2-10所示。

④节日津贴：春节、端午节、中秋节、生日等发放的津贴或物资。

⑤计生津贴：按计划生育相关管理规定执行。

⑥安全生产津贴：按项目安全生产相关管理规定执行。

⑦交通、通信、出差、车辆等补贴标准可参见公司相关制度。

⑧工龄工资：是指在公司工作年限每增加1年所额外发放的津贴，公司在一定时限内根据特定岗位或对象拟定并发放工龄工资。

表2-10 项目补贴标准

级别与岗位	项目补贴标准（单位：元/日）				备注
	≤1千万	≤5千万	≤10千万	>10千万	
项目经理	100	130	160	200	
项目副经理	70	100	130	160	主持工作
项目副经理	50	70	100	130	
员工	50	70	100	130	
高工	50	50	50	50	
工程师	30	30	30	30	
技术员	20	20	20	20	
司机/财务/其他	10	10	10	10	

⑨职称与职业资格证书补贴：如果公司对员工的职称与职业资格有要求，员工不能拒绝，公司将按年（月）度进行补贴，下1年（月）度1月（日）发放本年（月）度的补贴。公司鼓励员工进行相关资格证的考试或参加职称评定，如果考试或评定通过且获证则可报销一次全额考试费用，但必须经过公司的核定并签订相关的培训协议。员工领取到相关证件后，即可向综合事务部申请相关补贴；劳动合同中约定需要带证（职称）上岗的员工不发放相关证书补贴。

证书具体补贴详见表2-11所示。

表2-11 证书补贴标准

补贴证书	一级建造师	注册建造师	注册会计师	二级建造师	信息系统项目管理师	高级工程师
	15000	15000	15000	6000	8000	8000

注：如果同时获取2个或2个以上的证件，具体补贴由公司另行确定，而不是二者之和。比如同时获取一级建造师与高级工程师证，公司可能批准18000元的补贴。

5. 薪酬调整

（1）公司薪酬调整依据

①公司根据经营效益、同行业的薪酬调查情况以及社会物价上涨指数而对

公司薪酬体系全部或部分内容进行调整。

②当年公司盈利虽高出目标，但员工薪资却在市场水平线之上且通货膨胀幅度不大的，公司当年可不作年度调薪。

③当年公司盈利不及目标，但员工的薪资低于市场水平线且物价通货膨胀幅度较大的，公司必须要考虑适当给予调薪。

④年度调薪方案由行政人事部根据市场有关薪资及物价资料提出，经总经理审批后执行。

⑤即使全年个人绩效考核优异，但有下列情况者，也无资格参与工资普调。

病假、事假、工伤假、产假、自我申请脱产培训进修累计超过1个月或该年度受到行政处罚者。

加薪实施日前离职者。

（2）员工薪酬调整标准

①员工因晋升、降职、调岗等出现岗位或层级变动，从变动次月起按新岗位薪酬标准发放；兼职或分管工作薪酬就高不就低。

②员工在劳动合同期内薪酬原则上不予上调，特殊情况需提出申请并报总经理或更高一级领导批准。合同期满后续签合同时再进行协商确定，薪酬可升可降。如果岗位因公司发展或项目变更而取消或变化，员工应该服从公司的重新安排并且与公司重新协商该岗位薪酬；如果重新安排岗位后员工不能胜任或经培训后仍然不能胜任，公司允许员工提出离职申请，公司也有权终止薪酬发放并重新协商薪酬方式或辞退员工或终止合同。

③员工在同一岗位工作每满1年，且月度考核在1个财务年度中有8个月位于公司同级别中优秀行列，综合考虑各种因素的前提下，可协商在下一年度上调薪酬；员工月度考核得分在1个财务年度中有8个月位于公司同级别中的落后者（一般取倒数3名），则从次年1月份起下调薪酬（一级）与职级，或者换岗。

④员工年度考核不及格的，原则上建议员工离职，如转为待岗培训的，待岗培训期间，前3个月只发放原岗位基本工资，不享有岗位工资、津（补）贴

与月度绩效工资（奖金）。

⑤员工因故被部门从原岗位退回给综合事务部的，经综合事务部调查清楚被退回原因后，按公司相岗位要求进行复岗、调岗，无岗位调整则直接解除劳动合同。调查期间，员工只发放原岗位基本工资。

⑥员工请假超过公司规定期限，但公司没有终止劳动合同的，从超期之日起按同期所属地最低生活保障工资标准发放；如果员工请假期间在外兼职的，则立即取消工资发放并立即终止劳动合同。

⑦员工1个工作年度内受到公司记大过处分1次、记过处分2次、警告处分3次，将从受到处分之日起下一工作月份内降低一级薪酬与职级或者换岗。

⑧特殊贡献、特殊人才或特殊情况下的薪酬调整，报公司总经理或董事会批准。

⑨薪酬上调需由员工提出申请并提交工作总结，部门负责人同意，薪酬下调须由部门主管或经理提出并详细说明下调的理由，然后由部门经理填写"职位晋升薪资调整审批表"，经综合事务部核定后报公司领导审批；原则上1个财年内最多调整1次薪酬。

⑩每一新的年度，综合事务部可依据总经理授权，根据公司经营效益，与各部门负责人或分管领导沟通协商，就符合加薪的员工统一进行调薪，统一调薪后，部门不再申请调薪。

6. 薪酬发放

公司将以基本工资和所在岗位（事发前或离职前）的工资作为特殊情况（包括但不限于：不符合公司规定或法定的假期延长、合同终止、离职、辞退、特殊加班、特殊假期等）下补偿与扣款的薪酬基础。此工资标准不低于公司所属省市政府公布的当年度最低工资标准。

（1）每月26日为上月薪酬发放日；遇法定休假日或者休息日则顺延支付。

（2）员工的薪酬、各项社会保险费按财务有关规定列入成本（费用），并按下列规定进行支付。

①基本工资、岗位工资、各项津（补）贴和非年薪制员工的月度绩效工资按月发放；年薪制员工的绩效工资于次年3月31日前发放。

②年终奖于春节放假前发放。

③专项奖和其他奖励按有关规定发放。

④社会保险费：应当由个人承担的部分，由公司从员工工资中代扣代缴；应当由公司承担的部分，由公司支付。

⑤薪酬为税前收入，个人所得税由公司从员工薪酬中依法代扣代缴。

（3）实习人员的工资支付：

①无经验学习人员简称"实习人员"，泛指在某一专业的高年级或刚毕业的大学生，在有经验的工作人员的指导下学习实际工作经验，属于非正式雇用的劳工。实习人员毕业后，双方协商，如公司同意其进入公司工作，按正常招聘流程，进入试用期，薪酬福利待遇按公司规定执行。

②实习人员在实习期间的工资按以下标准支付，并由综合事务部依照考勤情况按大中专600元/月、本科生800元/月、硕士及以上1000元/月计发；实习人员在实习期的食宿由公司提供或按标准进行补贴发放。

7. 薪酬考核程序

主要针对绩效工资进行考核。绩效工资是指公司根据经济效益和员工的工作业绩及对公司的贡献支付给员工的工资。绩效工资包括月（年）度绩效工资（年终奖）。

（1）薪酬考核的目的与原则

绩效考核是为了激励公司员工共同朝着公司预定的目标努力，通过努力达成部门或自身的计划，创造自身价值，并通过考核来体现价值。公司价值的表现就是公司决策层、部门职能层与基层执行层员工的价值总和。考核标准即公司与员工的价值量化标准，员工绩效好就意味着公司业绩佳，公司效益好就意味着员工奖金高。绩效考核要体现价值量化的公正与公平。绩效考核分为年薪制考核与非年薪制考核，同时再分为月度考核与年度考核。

（2）薪酬考核范围与职责

①分层级薪酬考核：公司高层管理者主要考核公司决策的正确性、经营的可持续性、风险的可控性与利润的最大化；部门职能层主要体现在高层决策思想的传导、运作管理方法的制定以及执行的控制与监督、公司目标分解到部门后的达成率；执行层考核具体的工作方法与工作效率、执行力与服从性。

②分工作性质薪酬考核：服务性岗位与经营性岗位的考核方式不同，前者考核的是服务的能力与意识，后者考核业绩的拓展与风险的控制。

③分项目薪酬考核：主要考核项目的运作管理，包括安全管理、技术与质量管理、业主沟通、费用控制与财务管理、资料汇编与管理、库房管理、后勤保障管理等。

④薪酬考核单位职责：以部门级为考核单位，部门经理对部门员工实施考核评分，公司高层领导对分管部门经理进行评分；综合事务部根据计划财务部相关数据核算各部门与公司月度计划完成情况与考核系数。考核人应依照本考核表的各项指标从员工岗位的角度考核员工，实事求是地给出评价。

⑤薪酬考核标准调整：公司可根据各岗位具体工作计划或安排适时调整考核标准。

（3）考核周期

①年薪制员工考核周期为季度或年度，绩效工资在年终考核完成后发放；月薪制员工考核周期为月度或季度，每月（季）进行考核并发放绩效工资。

②专门针对部门或人员制订并实施的考核方案，如"市场经营激励方案"等，其考核周期按方案规定周期执行。

③项目考核周期见"项目激励方案"。

（4）月度考核计算标准及基准额

①考评等级规则：员工月度考核评定（优、良、合格、差）取决于部门月度考核评定（优、良、合格、差）。当部门评定为良、合格或差时，则员工评

优的数量应相应减少或不能评优;每个部门评优占比为部门总人数的20%,计算时按"四舍五入"的方法确定。

②计算公式:员工考核得分=部门经理评分×等级系数×部门系数;部门经理考核得分=分管领导评分×部门系数×公司系数。

③考核比重:员工工资构成中的"绩效工资"作为考核基准金额。

④绩效等级详见表2-12所示。

表2-12 绩效等级表

等级	描述	部门内分配比率	分数	等级
优	各方面表现非常突出,能起到模范带头作用	≤20%(小于1时按四舍五入)	90~100	1.2
良	各方面有较突出的表现,完全胜任本职工作	暂不强制	80~89	1.0
合格	各项指标基本达标,表现平平,有待提升	暂不强制	60~79	等于得分除以100
差	各项指标未达标,明显不能胜任本职工作	暂不强制	<60	0

(5)年度考核计算标准及基准额

①员工年终奖与年薪制员工绩效工资发放的重要依据。

②年终奖发放:月(季)度考核评分之和÷工作月数×部门年度考评系数×公司年度考核系数×考核基准金额。

③年薪制员工绩效工资计算公式:应发绩效工资=考核评分×考核系数×月度绩效工资×12。

④其他年度考核:根据具体的考核标准或激励方案执行,根据年薪的高低确定纳入。

⑤岗位绩效考核的比例(及供参考)详见表2-13所示。

表2-13 岗位绩效考核标准

年薪（万）	绩效考核比重
10	20%
10~14	25%
14~18	30%
18~22	35%
22~26	40%
26~30	45%
30~50	50%
≥50	60%

（6）非年薪制考核细则

月度考核：

①考评等级标准划分：优秀90~100（含90分）；良好80~90（含80分）；合格60~80（含60分）；不合格0~60分。

②个人评分与区间系数：月度考评实行100分制，当月考核分数达到"优"时，绩效系数为1.2；当业绩考核分数达到"良"时，绩效系数为1，当绩效考核评定为"合格"时，绩效系数要按考评分除以100计算；当绩效考核评定为"差"时，则绩效系数为0。部门内20%分布比率得数小于1人时按四舍五入法计算，例：部门考评总人数乘以20%得数为0.5以上则算1人，得数为0.5以下时则该部门不能评定优秀员工。基本素质（思想品德、职业操守、团队合作、意识形态等）考核占比为20%，专业能力（职业技能、本职工作、创新互助、效率贡献等）考核占比为80%，突出贡献可加分。

③考核评分表的制订由部门经理或综合事务部负责，根据部门职责与岗位说明书确定评分表的内容，能量化的一定要量化。

④考核内容因岗而定，岗变考核内容变，一岗一表。内容原则上1年调整1次，特殊情况（初始工资很低，但贡献非常大；为公司做出特别贡献；为公司挽回了重大经济损失等）可向部门经理申请报总经理批准后由综合事务部核定并修改。

⑤评分可通过自评后部门经理核评或者直接由部门经理评分，评分要保证公开、公正、公平，要用事实和数据为依据，不能因一事而断人。评分由综合事务部统计后进行公布，员工可对自己或他人的评分向综合事务部提出申诉或投诉。

⑥考核指标详见"员工考核评分表"。

⑦部门系数：从部门计划或目标达成来确定，主要包括部门月度利润指标、费用指标、纪律指标和工作任务完成等4方面进行考核评定，最高系数为1。详细内容见"部门考核评分表"。

⑧公司系数：指公司月度计划或目标的达成率，计划与目标由公司董事会或总经理确定，也可以不订计划或目标，最高系数为1。计划或目标的达成率由综合事务部与计划财务部联合确定后报总经理核定。详细内容见"公司考核评分表"。

（7）年薪制考核细则

①考核周期：年薪制员工只实行季或年度考核，不再实行月度考核，绩效工资按年度核发。

②考核方式：月度考评记录表主要记录月度主要工作业绩、过失或不足需改进事项，由被考评人自己记录后报部门经理或直接上司核定是否达到岗位要求并核定考评分数或系数，综合事务部保存，季/年度考核时再进行汇总后评定分数或系数。

③绩效工资考核标准：根据不同岗位或部门制定考核标准或激励方案，年度兑现。无具体激励方案的根据考评小组或直接上司给出的考核评分，再结合部门系数与公司系数进行综合核评。

（8）通用考核细则

①员工出现违法行为，月度绩效工资与年终奖均取消。

②考核评分低于60分为"差"，不核发绩效工资；全年3个月考核为"差"则不核发年终奖。

③员工被公司通报批评，则当月只发放50%的绩效工资，年内通报批评达

4次，取消年终奖。

④因员工主观原因或过失造成公司直接经济损失高达5万元（含保险公司理赔），则取消该月绩效工资，扣除30%的年终奖金；直接经济损失高达10万元（含保险公司理赔）以上的，当月绩效工资与年终奖金均取消。

⑤项目出现安全事故造成公司直接经济损失在5万～10万元（含保险公司理赔）以内的，取消当事人与项目经理当月绩效工资并扣罚年终奖金50%；公司直接经济损失达10万～20万元（含保险公司理赔）的，扣罚工程部经理绩效工资的50%并取消年终奖；公司直接经济损失达20万元以上的，取消工程部经理、项目经理、当事人全年和全项目的所有奖金。

⑥项目被行政管理部门通报批评的，取消工程部经理、项目经理、当事人所有奖金，并停止考评1年。

⑦项目人员因工作或其他行为被业主有效投诉1次，取消当月考核奖金并通报批评。同一项目有效投诉达3次以上的，取消年终奖金和20%的项目奖励。

⑧员工必须严格服从公司对工作地点的调配，不服务调配的将取消当月所有补（津）贴，严重者下调工资级别或停职、辞退。

⑨被公司总经理或董事会人员发现工作错误且认错态度不好的，取消当事人当月绩效工资并扣罚其直接上司当月20%的绩效工资。

⑩当月累积3次违反公司相关制度与规定的，考评为"差"。

⑪造成公司名誉受损或泄露公司秘密的，考评为"差"。

注：此细则相关项可多项同时进行考核（详见"公司相关管理制度"），如与其他单项具体考核政策有冲突，则以单项具体考核为准。

（9）考核成绩适用范围

试用期满考核、月度考核、合同期满考核、职务调整考核等。

（10）其他

①公司董事长、副董事长、总经理与副总经理考核标准与方式由董事会决定。

②绩效考核评定或评分,公司将根据实际情况决定是否公开,而基准金额与核发金额保密。

③工厂也可参考此制度执行。

④绩效考核制度的说明与解释由综合事务部负责,各部门经理协助。

8. 薪酬核算管理

公司内部工资支付账单必须包括支付日期、支付周期、支付对象姓名、应发工资项目及数额、代扣代缴个人所得税及社会保险金等项目和数额、实发工资数额、银行代发工资凭证等内容。公司支付工资时,应当向员工提供其本人的工资清单(电子或纸质);工资清单项目及数额应当与工资支付账单相一致。员工在收到工资清单时,应核对银行卡入账金额,2个月内没有提出书面异议的,则视为本人已完成确认。

9. 其他福利

(1)社会保险

公司按国家规定为员工按月缴纳养老、工伤、生育、失业和医疗保险费。在公司工作满3年且表现优秀者(部门每月考核评分不低于80分),可根据公司经营情况为其缴纳公积金。

(2)劳动保护

为保障安全生产,公司视情况购买合适的劳保用品或配发工作制服,同时公司会根据工作性质与岗位来安排优秀员工免费体检。

(3)奖励

①特殊贡献奖:员工对公司管理、技术、经济效益等方面做出重大贡献的,由公司高层管理人员会议决定给予奖励;奖励方式:贡献奖可采取现金、实物、精神奖励等方式进行,还可根据员工需要采取其他适当的方式。

②优秀奖:公司每年年终对部门及员工进行工作评优,对评选为优秀的部门和员工进行奖励。

③员工建议奖：公司每年终进行员工建议评比，根据建议质量评选优秀奖，并予以奖励。具体奖励标准由公司高层管理人员会议决定。

④工龄津贴：公司全体员工连续服务每满1年（从入职月起计）者，公司给予30元/月工龄津贴，每满1年加30元/月，依此类推，但最高不超过300元/月。

⑤保健津贴：公司除了为员工提供符合国家规定的劳动安全卫生条件和必要的劳动保护用品外，对从事有一定职业危害的喷涂、前处理等作业员工给予90元/月保健津贴。

⑥其他临时设立的相关奖励。

（4）文体活动或旅游

公司为员工安排适当的文体活动与外出旅游，具体由公司综合事务部或工会根据实际情况负责组织开展。

（5）技能培训、委外院校深造、出国留学、外派往大公司或优秀企业学习等福利，由公司另行组织

（6）加班津贴

公司薪酬福利制度已经包括了一般性的加班任务，对于非阶段性、密集型的加班任务，公司不另外支付加班费用。对阶段性、密集型的加班任务或周期性的加班任务，各部门可以视情况安排补休或申请加班津贴，连续补休2个工作日以上可申请加班津贴的，由部门经理提出申请，报分管高层管理人员审核后，送至公司综合事务部报公司总经理批准，加班津贴按国家相关法律法规规定标准执行。

（7）没有在此明确的其他相关福利措施由总经理授权综合事务部临时确定实施

10．项目部临时用工薪酬按项目管理相关制度执行，也可参照此制度

11．本制度由人力资源部监督执行，最终解释权归人力资源部。本制度经总经理批准后，自发布之日起实施

2.7 新员工入职培训管理制度

员工入职培训管理制度可参考如下内容。

1. 目的

（1）使新入职员工熟悉和了解公司基本情况、相关部门工作流程及各项制度政策，增强对企业的认同感和归属感。

（2）使新入职员工能够自觉遵守公司各项规章制度和行为准则，增强作为企业人的意识。

（3）帮助新入职员工尽快适应工作环境，投入工作角色，提高工作效率和绩效。

（4）使新入职员工深切体会到公司的宏伟目标，激发其求知欲、创造性，不断充实自己。

2. 适用范围

（1）凡本公司新入职员工必须接受本公司举办的入职培训，悉依本制度实施。分公司新入职员工入职培训制度另行制定。

（2）本制度所指新入职员工包括转岗员工、直接员工及其他应该接受培训的员工。

3. 内容

（1）本公司发展概况及业务综述。

（2）本公司各项规章制度（人事、行政、财务）。

（3）岗位职责及工作规范；岗位基本专业知识、技能；传授工作程序及方法；介绍关键工作指标。

（4）企业文化、企业价值观宣传。

（5）部门内安排的其他职能培训及业务学习。

（6）人力资源部安排的其他职能培训。

4．对于新入职员工的入职培训，按照工作环境与程序可分为3个阶段

（1）公司入职培训；

（2）各部门入职培训；

（3）员工工作实地训练。

5．公司入职培训的重点

（1）公司历史、现状及发展前景介绍；

（2）企业文化宣导、组织目标、组织架构讲解；

（3）部门工作流程和岗位职责介绍；

（4）公司人事政策及保密制度介绍。

6．各部门入职培训的重点在于业务工作与实际操作技术的培训，其重点如下

（1）各部门组织架构、职权、工作内容及部门规章制度；

（2）每天例行工作及可能的临时任务；

（3）从事未来工作的业务知识、技能与方法；

（4）各部门要求掌握的其他知识与技能。

7．公司入职培训讲师由相关部门主管推荐并经部门主管和人力资源部审核合格后担任

8．各部门入职培训负责人由部门主管确认，培训负责人必须有丰富的经验，并掌握相应的业务知识与技能

9．实地训练即在部门专业人员的指导下尝试从事即将开展的工作，指导者应协助受训者完成工作，并随时指出注意事项及应改进的地方

10．为有效达到培训的目标，应酌情安排、灵活制订新员工培训计划，并严格予以实施

11．为保证入职培训目标的实现，在公司入职培训结束后，人力资源部和员工所在部门必须对员工进行考核

12．公司入职培训考勤规定

（1）人力资源部必须严格执行入职培训考勤，所有受训人员须在上课前签到确认并领取培训相关素材。

（2）确实因为工作迟到、早退及中途缺课者应在培训前持有部门主管签字确认的说明，否则将以迟到、早退论处。无故旷课、迟到、早退及中途缺课者，将以缺勤、迟到、早退论处，并书面告知其部门主管。

（3）凡未经部门主管批准而不参加入职培训或考核不合格者，一概不予转正。

（4）入职培训是每一位新入职员工必须参加的培训项目之一。各部门主管应积极支持及配合人力资源部，确保员工能够按时参加入职培训。

13．人力资源部应建立完整的入职培训档案，各部门内的入职培训由部门自行组织，并递交其培训计划和培训记录至人力资源部。人力资源部将不定期进行跟踪、检查，以保证部门内入职培训的有效进行

14．本制度为培训管理制度的补充，由人力资源部监督执行，最终解释权归人力资源部

15. 本制度经总经理批准后，自发布之日起实施

2.8 员工在职培训管理制度

员工在职培训制度可参考如下内容。

1. 目的

为有效开发员工潜在能力，提高人力资源的利用效率，使员工最大限度地掌握岗位所需的专业知识，顺利完成本职工作，促进员工自身的职业发展，特制定本制度。

2. 适用范围

凡本企业所属在职人员培训及相关事项均按本制度办理。

3. 培训管理计划

（1）培训制度
①在职培训计划根据人力资源部调查汇总的各部门在职人员培训需求制订和执行。
②在职培训选择上分为必修培训和选修培训2部分。
③在职培训结构上分为内部培训和外派培训2部分。

（2）必修培训
①培训由内训师负责。
②课程内容包括基本素质学习、技术操作学习、管理学习3方面。
③每个在职员工每月参加必修培训的最低时限为4学时；基本素质、技术操作及管理学习的培训每项最低参与课时为1小时/月。

④如有特殊情况不能准时参加所报课程，则需提前向部门内勤办理请假手续，经部门内勤汇总后于培训前1日交于人力资源培训部。

⑤如有特殊情况不能完成最低课时要求，则于当月可参加补报，填写补报单，由部门内勤汇总补报人数后，统一领取补报单。

（3）选修培训

①由培训部安排课程、组织协调，专业内训师授课。

②企业各部门根据自身需求向培训部提出培训课程申请，填写"培训申请表"，并自行选定/推荐内训师。（推荐的人选由各部门自行沟通，培训部负责组织对其进行考核）

③课程内容包括基本素质学习、技术操作学习、管理学习3方面。每月参加选修培训的时间应不少于2学时。

④部门培训的课时经批准可被记入"选修培训"，并可冲抵选修培训的最低时限。每个在职员工可根据自己意愿选修各个部门任何培训课程。

⑤如有特殊情况不能准时参加所报课程，则需提前向部门内勤办理请假手续，经部门内勤汇总后于培训前1日交于人力资源培训部。

⑥如有特殊情况不能完成最低课时要求，则于当月可参加补报，填写补报单，由部门内勤汇总补报人数后，统一领取补报单。

⑦选课流程详见图2-1所示。

⑧每个员工修满必修及选修要求学时后，可再根据自身需求申请任何课程的培训。需填写旁听申请表。经部门负责人批准方可参加，培训结束后，由人力资源培训部经理确认签字，2天之内均有效，培训当天不计入该期限），课程学时记入员工培训档案。

（4）内部培训

内部培训是指分公司和集团公司组织员工集中上课、技能竞赛、野外训练的培训活动，由公司内部培训责任人、外聘培训讲师讲课，教练指导，或采用放光盘、录音方式上课的培训方式。

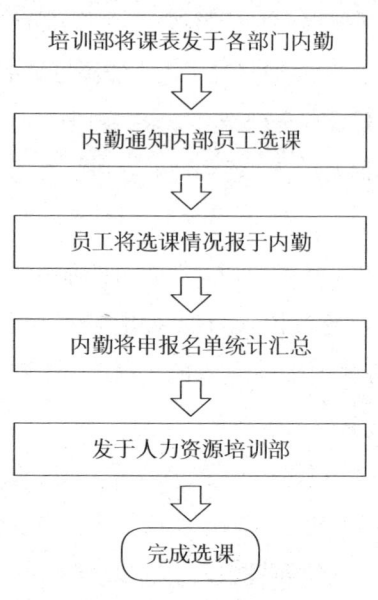

图2-1 选课流程图

（5）外派培训

外派培训是指公司员工经分公司或公司负责人批准带薪离岗参加外部培训机构组织的培训班学习，且与该培训学习相关的费用由公司支付报销的培训；外派至专业培训机构，以提高员工的综合素质、企业管理水平为目的的培训方式。

（6）培训申请制度

凡提出选修培训的部门及人员应先规范填写"培训申请表"，由其所属部门相关负责人签字同意后报至人力资源培训部，经培训部审查核准后方可进行培训。每次培训项目的具体实施时间由人力资源培训部根据培训计划和企业经营实际情况安排日程。

（7）奖惩制度

每次培训需准备"签到表"等，作为之后对该员工培训评估依据。根据具体情况，给予相应奖惩。培训学分成绩作为优秀员工评选依据之一。

（8）培训考核评估管理

①每次培训前，需进行培训签到。

②培训结束后，人力资源部应组织学员对培训效果进行满意度评估，并将培训效果评估结果进行整理、汇总。

③内训师可根据课程需要，自行安排是否考试。考题自拟。

④培训考核成绩将于培训结束1周内公布，成绩记入员工培训档案，作为年度优秀员工评选依据之一，并上报于部门负责人。

⑤员工参加每次培训项目的具体情况都将记入其培训档案。

⑥员工培训档案的内容主要包括该员工培训需求调查表、培养计划、培训考勤记录、培训考核成绩、培训效果记录等（表格应用参考第六章）。

4. 本制度提交总经理审批后颁布实施，其中未尽事宜可随时增补，提交总经理审批后生效。由人力资源部负责本制度的监督执行，最终解释权归人力资源部

2.9 人员调动管理制度

员工调动管理制度可参考如下内容。

1. 目的

为了加强员工调动管理，规范员工调动程序，使得各部门工作和人力资源达到最佳的匹配状态，特制定本制度。

2. 适用范围

适用于员工在公司内部岗位调动的管理。

3. 调动原则

（1）适合原则

进行岗位调动，应确保到岗员工的能力、意识和经验达到该岗位要求。

（2）试用考察原则

员工调动到新工作岗位后，应予以适当的试用期，以获得证实其胜任该工作岗位的证据。

（3）沟通原则

员工岗位调动，必须确保与相关管理岗位人员进行充分的沟通并获得支持或许可。

4. 岗位调动类别与调动条件

（1）正常岗位调动

①晋升：

符合以下条件之一的，进行晋升岗位调动：

a. 竞聘考核表现优秀的员工；

b. 岗位空缺时，经申请，综合管理部、员工所在部门考察证明胜任该岗位的员工；

c. 按公司有关规定达到晋升要求的员工。

②平调：

符合以下条件的，进行平调岗位调动：岗位空缺时，经申请，综合管理部、员工所在部门考察证明胜任该岗位的员工。

③降职：

符合以下条件之一的，进行降职岗位调动：

a. 经申请，综合管理部、员工所在部门考察证明不能胜任岗位要求的员工；

b. 按公司有关规定应予以降职的员工。

（2）工作转换调动

①部门内部调动：

部门内形成岗位空缺，经申请，综合管理部、员工所在部门考察证明胜任该岗位的员工，可进行部门内岗位调动。

②跨部门调动：

部门外部形成岗位空缺，经提名，综合管理部、员工所在部门、用人需求部门考察证明胜任该岗位要求的员工，可进行跨部门岗位调动。

（3）临时岗位调动

①出现岗位空缺同时暂时未有适合招聘人选补充时，经与相关部门充分沟通，获得支持和许可后，可临时抽调适合的其他在岗员工到该岗位工作。

②临时岗位调动的员工调出部门应妥善安排调出人员的工作交接和工作接替；临时岗位调动结束，暂调员工应服从岗位所在部门领导安排，妥善交接工作。

5. 薪资变动管理

（1）因公司工作需要，公司对员工岗位进行平行（职级不发生变化）调动的，调动后薪资参照调动前薪资水平，原则上不低于调动前薪资水平。调动前薪资包括基本工资、技能工资、绩效工资、保健费、学历、职称补贴；不包含加班费、值班费、餐补等。

（2）因员工个人原因提出调动的，调动后薪资参照调动前薪资水平以及调动后岗位薪资等就近定薪，但不得高于调动后同类岗位的最高薪资水平。调动前薪资包括基本工资、技能工资、绩效工资、学历、职称补贴；不包含加班费、值班费、餐补、保健费等。

（3）因个人不能胜任目前岗位工作发生岗位调动的，参照调动后同类岗位薪资情况定薪。

（4）该条（1）（2）（3）条规定主要适用于等级工资制员工，计件、提成制转为等级制的情况。

（5）等级工资制转为计件、提成制的不适用以上规定，应按照公司的定薪执行。

6. 员工未办理调动手续不得随意调换岗位。违反员工调动程序的，按照违反公司制度处理

7. 员工调动的，原部门需办理工作、物品等交接手续，手续不清产生的相关责任由原部门承担

8. 本制度由人力资源部监督执行，最终解释权归人力资源部。本制度经总经理批准后，自发布之日起实施

【附】人员调动管理制度常用表

表2-14　岗位调动审批表

姓名：_____　　性别：_____　　出生年月：_____　　籍贯：_____
最高学历：_____　　毕业学校：_____　　专业：_____
工作年限和经验：_____
取得何种职业资格、职称：_____
具备何种专业技能：_____
现属部门：_____　　现任岗位：_____　　直接领导：_____
入职时间：_____　　在岗时间：_____
签名：

调出部门意见

拟调部门：_____　　拟调岗位：_____　　拟调日期：_____
□ 同意调出　　□ 其他建议：
签名：

调入部门意见

□ 同意调入　　□ 其他建议：
签名：

综合管理部意见
□ 同意调入   □ 其他建议：
调动部门：_____   调动岗位：_____   调动日期：_____
调动性质：1. □临时调动 □部门内调动 □跨部门调动   2. □晋升 □平调 □降职
是否调薪：□是 □否 是否试用：□是 □否
试用期：_____至_____   试用薪资：_____   转正薪资：_____
签名：

分管副总意见
□ 同意调动   □ 其他建议：
签名：

总经理意见
□ 同意调动   □ 其他建议：
签名：

表2-15 调动申请表

姓名		任职部门		现任岗位	
申请调入部门		新任岗位			
员工申请岗位调动原因自述	（包括申请调动的原因、对新岗位的规划、建议）				
	申请人签字： 　　　　　　　　　　　　　　　　　年　　月　　日				
备注：1. 员工的申请调动时间以主管领导的批准时间为准 　　　2. 员工在原岗位工作未交接清楚，此审批单不予生效 　　　3. 薪资标准按照新任岗位工资标准执行 　　　4. 本申请表由申请人填写，并报相关部门核准。经核准后，报送行政部、财务部各1份存档					
原部门意见	部门经理签字： 　　　　　　　　　　　　　　　　　年　　月　　日				
拟调入部门意见	部门经理签字： 　　　　　　　　　　　　　　　　　年　　月　　日				

续表

行政人事部意见	部门经理签字： 　　　　　　　　　　　　　　　年　　月　　日
总经理意见	总经理签字： 　　　　　　　　　　　　　　　年　　月　　日

2.10　劳动争议处理管理制度

员工劳动争议处理管理制度可参考如下内容。

1. 目的

为解决员工与用人单位之间围绕劳动权利与义务所产生的纠纷，从而达到劳动关系良好的状态，特制定此制度。

2. 适用范围

适用于企业内所有在职员工。

3. 劳动争议的处理原则

（1）合法原则

合法原则是指企业劳动争议的处理机构在处理争议案件时，要以法律为依据，并遵循有关法定程序。以法律为准绳，就是要求对企业劳动争议的处理要符合国家有关法律规定。

（2）公正和平等原则

公正和平等原则是指在企业劳动争议案件的处理过程中，应当公正、平等地对待双方当事人，处理程序和处理结果不得偏向任何一方。尽管企业管理者和劳动者双方当事人在企业劳动关系的实际运作过程中所处的地位是不一样的，前者处于领导者、支配者的地位；后者处于被领导者、被支配者的地位，但是一旦企业劳动争议形成，并进入处理程序阶段，两者便是平等的争议主体，同时受到法律的平等保护。公正和平等原则要求企业劳动争议的任何一方当事人都不得有超越法律和有关规定以上的特权。

（3）调解原则

调解原则是指调解这种手段贯穿于企业劳动争议第三方参与处理的全过程。不仅企业调解委员会在处理企业劳动争议中的全部工作是调解工作，而且仲裁委员会和法院在处理企业劳动争议中也要先行调解，调解不成时，才会进入裁决或判决环节。同时，即使是仲裁委员会的裁决和法院的判决也要以调解的态度强制执行，否则其法律效力的发挥也会大打折扣。

（4）及时处理原则

及时处理原则是指企业劳动争议的处理机构在处理争议案件时，要在法律和有关规定要求的时间范围内对案件进行受理、审理和结案。无论是调解、仲裁还是诉讼，都不得违背时限方面的要求。如企业劳动争议调解委员会对案件调解不力，则要在规定的时限内结案，不要影响当事人申请仲裁的权利；企业劳动争议仲裁委员会在调解未果的情况下，要及时做出裁决，不得超过法定的处理时限；法院的处理也是这样，在调解未果的情况下，要及时判决。总之，及时处理原则就是要使双方当事人的合法权益得到及时的保护。

4．劳动争议处理程序

劳动争议处理的基本形式是依法向企业劳动争议调解委员会申请调解；向劳动争议仲裁委员会申请仲裁；向人民法院提起诉讼；当事人自行和解。

向企业的劳动争议调解委员会申请调解不是必经程序，当事人一方不愿调解，或双方调解不成，即向仲裁机构申请劳动争议仲裁。未经仲裁机构做出处理的劳动争议，人民法院不能直接受理。

劳动争议处理程序详见图2-2。

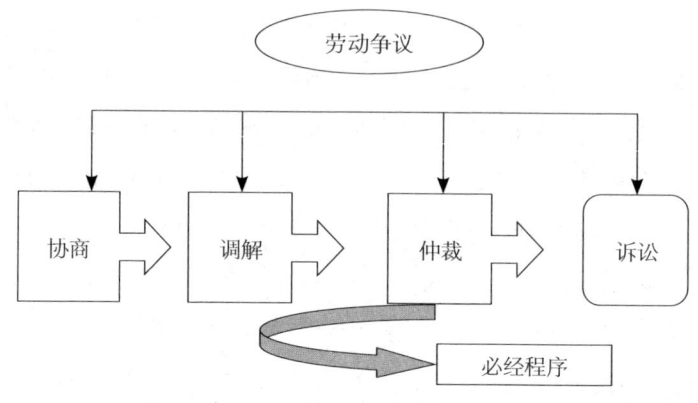

图2-2 劳动争议处理程序图

5. 劳动争议事件的处罚

（1）劳动争议的处罚权归劳动争议调解小组。

（2）对于可能引发劳动争议的管理行为，在实施前未依本制度征求上级及人力资源部意见，擅自处理，以致引发劳动争议，并由劳动部门责成本公司处理的；或本部门出现罢工事件的；公司将根据情节轻重给予直接责任人及其上级领导以降级或警告以上处罚，并酌情处以经济处罚，同时每次扣减当月考核分10分。

（3）所属部门1年内发生3起（含）以上重大劳动争议者，部门主管领导应负领导责任，公司将给予适当调职或经济处罚。

（4）管理人员未依公司规章制度，处罚不当，导致员工投诉的，经查证属实，人力资源部可以要求部门纠正其行为。2次以上被投诉，经查证属实的，给予降级或记过以上处罚，直至开除。

（5）罢工处理：

①对于策划、组织罢工及在罢工事件中起主要作用的人员，一律给予开除处罚，并根据造成的损失情况程度（如延误了交期，损坏了工具、产品）给予200元以上的经济处罚，直至扣除全部工资。

②对于参与罢工人员，一律给予开除处罚并罚款100元；但此前一直表现良好、事后认错态度较好并按要求恢复生产者可以考虑减轻或免除处罚。

6．本制度由人力资源部监督执行，最终解释权归人力资源部。本制度经总经理批准后，自发布之日起实施

2.11 员工解聘与辞职管理制度

员工解聘与辞职管理制度可参考如下内容。

1. 目的

为加强本公司人事管理，提高员工队伍素质，增强公司活力，规范公司和员工的劳动用工行为，维护公司和员工的合法权益，使公司的人事管理规范化，促进公司的发展，特制定此制度。

2. 适用范围

适用于公司所有员工。

3. 员工的辞职、辞退、开除

（1）辞职

①试用期员工辞职的，应提前7日提出申请，向综合管理部领取"辞职申请表"，逐级签批后领取"员工异动表"，将离职交接手续办理完成后交到综合管理部。

②正式员工辞职的，应提前1个月提出书面辞呈交部门负责人，部门负责人、分管领导同意签字后报综合管理部备案，领取"辞职申请表"，逐级签

批后领取"员工异动表",将离职交接手续办理完成后交至综合管理部。如调离,领取"员工异动表",交接工作,办理离职手续。

③无视公司规定,不办任何手续就擅离职守,或辞职要求未获批准就离开公司的员工,视为违反公司管理制度,自动解除劳动合同,公司不予结算工资。由此给公司造成重大经济损失的,公司保留对其追究法律责任的权力。

（2）辞退

根据《劳动合同法》第三十九条,有以下情况之一者,各部门可提出辞退建议:

①试用期未满,被证明不符合录用条件或能力较差、表现不佳而不能按时完成工作任务的;

②违反公司劳动纪律或公司规章制度情节严重的;

③患有非本职工作引起的疾病或非因公负伤,医疗期满后,经医疗部门证实身体不适、不能胜任本职工作的;

④员工明显不适应本职工作需要,参加岗位培训后考核仍不合格的;

⑤工作能力及效率无明显提高者,经过岗位培训后表现仍然较差的;

⑥不接受培训或培训成绩不合格的;

⑦工作责任心不强的,经过多次谈话仍无明显改善的;

⑧在公司以外从事兼职的;

⑨法律、法规规定可以解除劳动关系的其他情况。

正式员工被辞退,首先由所在部门将审批后的辞退申请交综合管理部备案。

（3）开除

有下列情形之一者,予以解除劳动合同:

①被依法追究刑事责任的;

②严重违反劳动纪律或公司规章制度者;

③违抗命令,不服从领导安排或擅离职守,情节十分严重者;

④连续旷工达3天及以上或1年累计旷工超过5天者；

⑤工作疏忽，贻误时机，致使公司蒙受较大经济损失者；

⑥营私舞弊，挪用公款，收受贿赂、佣金者；

⑦偷盗同事和公司财物者；

⑧聚众罢工怠工，造谣生事，破坏正常的工作和生产秩序者；

⑨以暴力手段威胁同事者，打架斗殴者；

⑩涂改文件，伪造票证者；

⑪对公司利益造成重大损害者；

⑫其他法律法规规定的违法违纪行为。

当辞退的情形出现时，如当事人的行为给公司造成损失，则应按国家及公司有关规定承担相应的赔偿责任。

4．相关规定

（1）试用期间员工提前3日告知。

（2）正式员工提前30日告知。

（3）公司根据相关规章制度与员工解除劳动合同的，根据实际情况可以不提前通知，但应将解除理由在公司公布。

（4）对于中层及以上管理人员离职、辞退、调离、开除，必要时公司将安排离职审计，按照正常的离职交接办理离职手续。

5．离职手续办理

（1）申请表列出的项目，逐级签字认可。

（2）归还办公用品、公司财物、工具、宿舍物品等，并经所在部门负责人签字认可。

（3）清理财务借款，并经财务部经理签字认可。

（4）综合管理部根据离职交接单核算工资，财务部按月结算工资。

（5）双方解除劳动合同。

6．员工有下列情形之一的，公司不得依本规定解除劳动合同（按其他规定协商处理）

（1）患有公司所任职务职业病或因工负伤并确认丧失或部分丧失劳动能力的；

（2）患病或者负伤在规定的医疗期内的；

（3）女员工在孕期、产期、哺乳期内的；

（4）法律、法规规定的其他情形。

7．其他

员工有以下行为的除根据制度开除外，同时移交司法行政机关处理：

（1）对公司领导、部门领导、专业技术人员、主管或其他员工有恐吓、胁迫或重大侮辱行为者；

（2）挥霍浪费、贪污公款、收回扣、营私舞弊、严重失职，给公司造成重大经济损失和名誉损失者；

（3）盗窃公司财物，给公司造成经济损失者；

（4）故意泄露本公司财务状况、项目报告、商业秘密和与相关技术、知识产权相关的保密事项，使公司蒙受严重损失者；

（5）用公司名义，在外招摇撞骗，致使公司名誉受损者；

（6）严重违反国家法律法规。

8．本制度由人力资源部监督执行，最终解释权归人力资源部。本制度经总经理批准后，自发布之日起实施

2.12 出差管理制度

员工出差管理制度可参考如下内容。

1. 目的

为统一、规范员工出差流程管理，明确出差费用预算，特制定本制度。

2. 适用范围

适用于公司内部所有人员。

3. 申请及批准

（1）员工出差前应填写"出差申请表"，办理工作交接且办理好审批手续。

（2）申请批准后应及时到财务部备案。

（3）出差的审核批准权限如下：

①当日出差由部门经理批准；

②市外出差及远途出差由部门经理审核，总经理批准；

③出差途中因病，或遇意外灾害，或因工作实际，需要延长时间，必须电话请示其主管领导，再由主管领导转报上级，并获批准。

4. 出差补贴范围及办法

（1）总经理、副总经理出差标准

①食宿标准：见表2-17。

②交通补助：凭有效票据实报实销，公司派车的将不予以报销。

③其他报销：公关费、招待费等根据情况酌情报销，涉及接待费，应在费用报告中注明被接待的客人及接待的目的。

（2）部门经理及负责人出差标准

①食宿标准：见表2-17。

②交通补贴：凭有效票据报销火车票（卧铺、动车、高铁）、汽车（公交车自理），酌情报销出租车票。原则上不报销飞机票。

③其他报销：公关费、招待应酬等费用经总经理审批后执行的，可实报实

销；涉及接待费，应在费用报告中注明被接待的客人及接待的目的。

（3）普通员工出差标准

按附表2-16执行，经总经理批准执行的费用，可实报实销。

5. 出差规定

（1）出差必须经领导派遣或事先申请方可执行。

（2）原则上要按照预定时间准时返回，因私事延误必须履行请假手续；所产生的费用自行承担。

（3）出差期间，必须遵守法纪法规，严禁滋扰生事，破坏公司声誉，若有违反，将受公司严重处罚。

（4）严禁假公济私，以出差名义办理私人事务。

（5）出差归来，须在3日内（周末除外）到财务部办理报销手续；若有特殊情况，则必须向总经理及财务告知清楚。

（6）出差期间，因公需要，可向财务部申请借款。

（7）和领导一起出差的，可享受同等待遇；报销应据实执行，严禁虚报假报。

（8）外出人员须将每日工作汇报以短信或邮件的形式向主管领导汇报。

6. 出差报销流程

（1）报销的审批权限

公司员工因公出差，自行垫付出差费用，出差返回的3日内，提交"出差费用报销单"（如表2-19所示），经部门经理审核签字确认后，由内勤统一交财务部核算确认，然后由总经理审批签字，最后到出纳处报销。如果员工因临时出差等原因无法自行报销，则可将所有单据交由部门内勤协助办理。

（2）员工差旅费报销标准

①员工出差分"长途"和"短途"两种，未出本地区且当天能往返的为"短途"，出差时间在1天以上的为"长途"。

②出差补助标准额：

a. 员工出差不超过1日的视同正常出勤，因此产生的交通费用实报实销。

b. 长途出差补助标准：（包含住宿费、交通费和膳食费）出差标准现划分为4级：总经理级别；经理级别；普通销售人员；普通员工。（详情可见表2-16所示）

表2-16　出差补助标准

总经理级别	经理级别	普通销售人员	普通员工
180/人/天	130/人/天	100/人/天	80/人/天
注：住宿费、交通费按规定标准执行，超标自付。			

③员工出差交通报销标准：

a. 正常情况下实报实销（火车、汽车、轮船等），所有报销需要正规发票，不能获得发票的特殊情况需要注明详细情况，由部门经理和总经理签字方可报销。

b. 如果因特殊情况出差需要乘坐飞机，则须经公司总经理批准方可乘坐。乘坐出租车的费用不在报销之列。

c. 销售人员出差，经理级别每月话费补贴100元；其他人员每月话费补贴50元。

7. 本制度由人力资源部监督执行，最终解释权归人力资源部。本制度经总经理批准后，自发布之日起实施。

【附】出差管理制度常用表

表2-17　出差报销标准表

职务	膳食费（元/餐）	电话费（元/天）	飞机	火车	汽车	轮船
总经理	实报	实报	头等舱	软卧	出租车	一等舱
副总、总监	50~80	实报	经济舱	硬座	出租车	二等舱

续表

职务	膳食费（元/餐）	电话费（元/天）	飞机	火车	汽车	轮船
部门经理	30~50	15	经济舱	硬座	出租车	二等舱
普通员工	10~20	8	经济舱	硬座	视情况	三等舱
备注	具体应参照当地消费标准做出适当选择					

表2-18　出差申请表

填表日期：　　年　月　日

姓名		部门		岗位	
出差地点及行程安排				交通工具	
往返时间	＿＿年＿月＿日至＿＿年＿月＿日，合计＿＿天				
出差目的及工作计划					
预算费用合计（元）		交通费用预算明细			
		其他费用用途说明			
借支金额	¥：		大写：		

部门经理：　　　　财务部长：　　　　分管领导：　　　　总经理：

本表一式两联　第一联交财务部　第二联交行政部

表2-19　出差费用报销单

部门：　　　　填表日期：

出差人					出差事由						
出发			到达			交通工具	交通费		出差补贴		其他费用		
月	日	时	地点	月	日	时	地点		单据张数	金额	天数	金额	项目	单据张数	金额
													住宿费		
													市内车费		
													邮电费		
													办公用品费		

续表

								其他	
合计									
报销总额	人民币（大写）					预借旅费	¥	补领金额	¥
								退还金额	¥

主管： 审核： 出纳： 领款人：

2.13 风险评估管理制度

风险评估制度可参考如下内容。

1. 目的

为及时识别、监控公司潜在风险及其发生概率，确定公司风险承受能力及限度，认定该等风险可能带来的损失，特制定本制度。

2. 适用范围

本办法适用于公司以及公司下属各部门，要求每一位员工均应该具有风险意识。

3. 部门职责和权限

（1）生产技术部
①生产部是本程序对口管理部门。
②负责组织危害因素辨识和风险评价，负责制订风险评价准则、审核工作危害分析表（JHA）和安全检查表（SCL），负责本部门职责范围内的危害因素辨识和风险评价工作。

③组织编制公司重大及不可容许风险控制改进措施清单及控制改进措施。

④组织、检查、监督考核控制改进措施的实施。

⑤组织评价人员的培训。

⑥组织内部设备、设施危害因素的辨识与风险评价。

⑦负责外界所提供的生产检修建设用设备、设施的危害因素辨识和风险评价。

⑧负责组织检维修、技改技措、隐患治理类项目的控制改进措施的实施。

⑨参加编制重大及不可容许的风险控制改进措施清单，审核设备、设施类控制改进措施。

（2）安全管理部

①负责本部门内部及公司办公场所、设施的危害因素辨识和风险评价。

②负责组织危险化学品危害因素辨识与风险评价，并负责审核相关风险辨识与评价表。

③负责编制危险化学品控制改进措施，参加编制重大及不可容许的风险控制改进措施清单，并监督、检查、考核实施情况。

④负责绿化工程危害因素辨识与风险评价。

⑤组织新员工、转岗员工、外来人员、临时用工及厂区内交通（公路）活动的危害因素辨识与风险评价。

（3）供储部

①负责本单位职责范围内的危害因素辨识与风险评价。

②负责委托运输相关的活动与设施危害因素辨识和风险评价，编制重大及不可容许风险控制改进措施清单并组织实施。

（4）其他单位

①负责本单位范围内的危害因素辨识与风险评价，制定控制改进措施并负责实施。负责实施公司审定的重大及不可容许控制改进措施。

②负责进入本单位的新员工、转岗员工、外来人员和临时员工的活动危害因素辨识与风险评价。

③负责本单位危险化学品危害因素辨识和风险评价。

4. 工作程序

由安全评价机构进行的危害因素辨识和风险评价，按照相关法规定期进行。以下程序适用于公司员工进行的危害因素辨识和风险评价的活动。

（1）基本步骤

进行危害因素辨识、风险评价和风险控制策划的基本步骤包括：

设立组织机构→工作活动分类→危害因素辨识→风险评价→确定风险是否可容许→编制风险控制措施计划（必要时）→评审措施计划的充分性。

（2）成立评价小组

各部门成立以主管领导负责，专业技术人员和操作人员参加的评价小组，所有评价人员由安全生产部组织培训，使其有能力、有资格进行危害因素辨识和风险评价。

（3）选择和确定评价范围和对象

评价小组应首先识别出本单位从事的所有活动、产品或服务范围，包括生产活动、产品生产、储运、装置、设备、设施、服务、检维修、消防、承包商的服务和设备，以及行政和后勤的全过程。生产范围包括从规划、设计、制造、采购、建设、投产、产品销售和服务全过程。所有可能导致的危害和环境影响的活动，包括非常规活动、检维修等都必须充分得到识别。在确定评价范围后，评价小组按下列方法，确定评价对象：按生产流程的各阶段；按地理区域、单元或场所；按装置、设备、设施（包括外界提供的设施）；按作业活动（包括合同方人员）。对所确定的辨识和评价对象，必要时按作业活动进一步细分，以便对危害因素和风险进行全面辨识和评价。评价人员在进行危害因素辨识与评价前首选要了解工作活动的相关信息，包括：所执行的任务的期限、人员及实施任务的频率；可能用到的机械、设备、工具；用到或遇到的物质的物理、化学性质；工作人员的能力和已接受的任务培训；作业指导书或作业程序；发生过有关的事故经历、作业环境检测结果等。

（4）进行工作活动分类

评价小组对评价对象进行分类。

①按作业活动分类；

②按设备或设施分类；

③按生产过程或服务提供过程的阶段分类；

④按确定的任务分类。

5. 危害因素辨识方法

（1）活动或操作性质；

（2）工艺过程或系统的发展阶段；

（3）危害分析的目的；

（4）所分析的系统和危害的复杂程度及规模；

（5）潜在风险度大小；

（6）现有人力资源、专家成员及其他资源；

（7）信息资料及数据的有效性；

（8）是否符合法规或合同要求。

6. 风险控制的管理措施

（1）制定、完善管理程序和操作规程；

（2）制定、落实风险监控管理措施；

（3）制订、落实应急预案；

（4）加强员工的HSE（健康、安全、环境）教育培训；

（5）建立检查监督和奖惩机制。

7. 本制度由人力资源部监督执行，最终解释权归人力资源部。本制度经总经理批准后，自发布之日起实施。

【附】风险评估管理制度常用表

表2-20　风险登记表

项目编号	可能会发生什么样的风险？如何发生？	如果发生会产生什么样的后果？	事件发生的概率如何？	现有控制手段充分与否？	后果严重等级	概率级别	风险水平	风险优先级
职能/活动：					汇编者及日期：			
日期：					审核人及日期：			

2.14　案例呈现

　　A公司从事电子机械行业十余年，现有员工近600人。A公司是一家专业生产和销售塑封高压二极管、高压硅堆、高压整流器等电子元器的企业，其生产的产品适用于微波炉、医疗器材、激光电源、负离子臭氧发生器、消毒电子、静电喷涂等多种生产领域。凭借先进的生产设备、精准的检测仪器以及强大的销售网络，公司获得了迅速的发展。

　　B公司属于劳动力密集型的中小型企业，其生存之道就在于相对较低的人力成本所带来的较低的产品生产成本。但是，与其他同类企业一样，该电子公司面临招不到合适的人才、留不住人才的难题，自然也加大了人力资源管理的成本。因此，企业领导邀请人力资源顾问公司进驻企业，帮助企业解决人力资源管理上的问题，降低人力资源管理成本，从而保持产品成本低的竞争优势。

2.15 案例分析

目前，大多数中小型电子元器件企业的人力资源管理理念和操作方法都处于比较初级的阶段，即使设立了人力资源管理部门，其工作职责也仍停留在事务性工作的层次上，无法起到有效的人力资源管理作用。但是，随着企业的逐步发展和人力资源管理研究的逐渐深入，人力资源管理已经进入到务实、操作、开发的阶段，主要职责从日常性人事关系协调转向为企业发展提供人力资源保障；由简单的事务管理转向全方位、深入的员工潜能开发；由事后管理转向过程管理乃至超前管理；规范化、标准化管理代替了经验管理。

通过对A公司的深入调研、分析，结合同类标杆企业的管理经验，人力资源顾问专家团队认为，优化B公司——中小型电子元器件企业人力资源管理的首要任务是建立规范的人力资源管理制度和流程，提高管理效率。具体通过以下两个环节实现。

第一、搭建完善的人力资源管理体系。根据现代化人力资源管理系统的内涵，结合该公司人力资源管理的现状和企业发展战略，人力资源顾问公司提出"坚持程式化的人力资源管理体系"方向，以激活内部人力资源为目标，以工资分配这一直接的激励手段为切入点，搭建完善的人力资源管理体系。

第二、梳理人力资源管理各项工作的工作流程，并明确流程节点的要求。在搭建了系统的人力资源管理体系的基础上，梳理各项人力资源管理工作的工作流程，建立工作流程图。

第3章
招聘与配置

　　随着全球企业的激烈竞争进入白热化，专业人才越发抢手，企业想要立足于竞争激烈的市场的唯一途径就是掌握最新的人力资源管理知识，利用高效的技术、方法和工具，对组织内部的人力资源进行充分的开发和科学的管理。其中，人员招聘与配置是实现企业人力资源管理目标的重要手段之一。

招聘与配置主要程序详见图3-1所示。

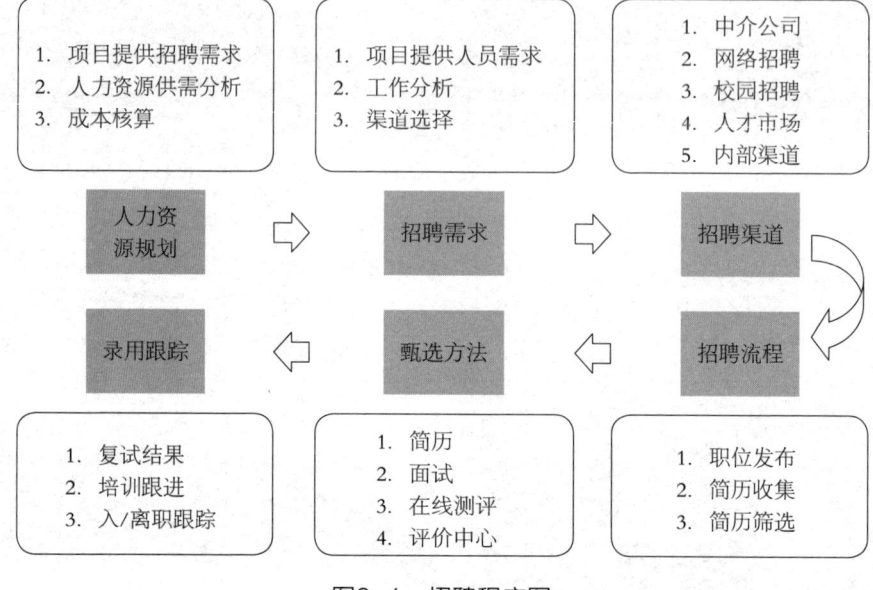

图3-1　招聘程序图

3.1　招聘工作规划

为了避免公司人力资源供需不平衡，造成公司运行不顺畅，给公司带来不必要的损失，公司可根据人员需求状况，按照轻重缓急列出招聘岗位清单，做好人员招聘计划，明确各岗位需求人数，使用人规划逐渐明朗、清晰。

1. 招聘需求分析

为了系统全面地展开招聘计划，可先在公司内部做需求分析，统筹公司岗位闲置和员工闲置的情况，为公司做全面的人力资源规划，根据公司需求，招聘适合空缺岗位的优秀人才。

在招聘之时要注意以下几点：

（1）人员招聘需求应建立在对内部组织现有员工认真分析的基础之上；

（2）企业内外部的环境因素会对招聘需求产生较大影响；

（3）某些岗位需求具有暂时性；

（4）并非所有的空缺岗位都需要增补；

（5）无人履行的职责可以添加到新的工作岗位上，或者让现有员工分担空缺岗位的职责。

制定规范的招聘管理制度，会大大提高招聘工作的效率。规范的招聘制度并非僵化的招聘手段，而是将人员的增减、调整变化纳入流程化管理，以避免沟通障碍、增加招聘成本。

许多中小企业由于长期形成的随意招聘习惯，因此不愿导入较规范的作业流程。从短期看来，灵活多样的招聘方式似乎更能适应外部环境的变化和公司内部的人员需求；但长期来看，随着业务的发展和公司规模的扩大，随意性的招聘方式不利于规范制度的形成。这种招聘方式如同内部分子无规则的运动，形成了巨大的内耗，阻碍企业的发展壮大。

2. 招聘需求的确定

（1）因公司发展新增的岗位

新增岗位通常根据公司的新项目、扩张方向来定，由各部门根据目前人员状况提出。因此招聘负责人需要盘点一下每个部门的人员情况，及时与用人部门沟通，根据实际情况提出新增岗位的具体要求和数量。

（2）因人员离职而产生的岗位补充

因人员离职而产生的空缺通常无法提前预知，但能够通过对过去几年的人员离职情况的监测做出推算，在公司平稳的情况下，浮动通常不会太大。

（3）由部门负责人确定的招聘需求

从事人力资源工作的人常常会遇到下列情况。

财务部经理："请帮我招聘一名成本会计，要得急，老板已经同意了。"

技术部门经理："最近部门工作量加大了许多，麻烦你帮我找个软件工程师。"

设计部门经理："张姐怀孕请产假了，设计部人员不够用了，赶快帮我找个设计师吧。"

对此，我们首先应该确定招聘需求的合理性，再制订招聘需求计划表，向人事部门和相关部门负责人提出申请（如表3-1所示）。之后，明确招聘信息的内容。最后，规划招聘计划，按计划有序地进行招聘活动。

表3-1 招聘需求申请表

需求部门		薪资范围		填写日期	
岗位名称		人数		到岗时间	
招聘需求确认	1. 本岗位是否在部门编制之内：□是；□不是					
	2. 本岗位增补原因：□离职补充；□储备人员；□缺编补充；　　　　　　　　□调（升）职后补充；□短期需要；□其他				
	3. 本岗位是否是重要岗位：□是；□不是				
	4. 本岗位时限：□长期；□临时				
岗位职责						
任职要求						
需求部门申请人				签字： 日期：	
用人部门主管领导审批				签字： 日期：	
综合办公室意见				签字： 日期：	
常务副总意见				签字： 日期：	
总经理意见				签字： 日期：	

3.2 招聘流程

招聘流程图详见图3-2所示。

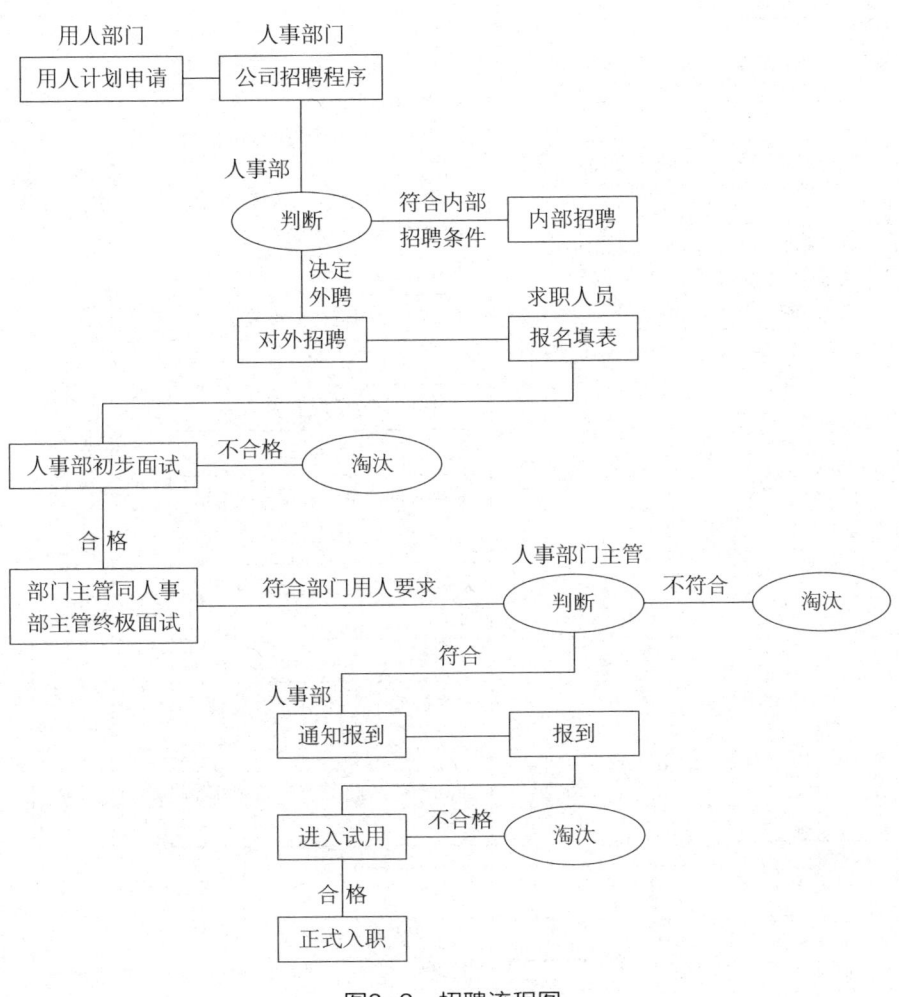

图3-2 招聘流程图

3.3 招聘管理流程

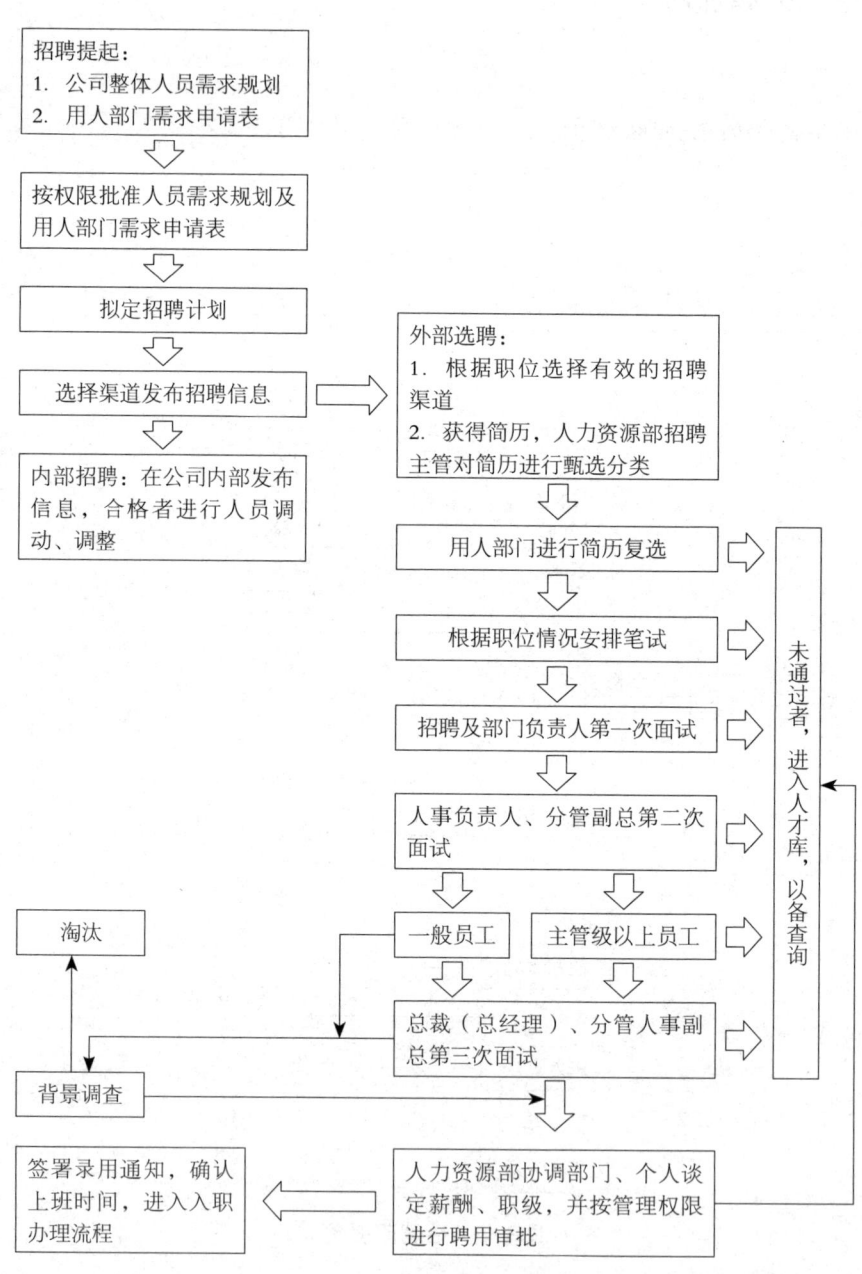

图3-3 招聘管理流程图

3.4 招聘渠道

招聘渠道直接关系着能否及时地找到符合公司要求的人才。对大多数企业来说，现有的招聘渠道足以满足公司在一定时期内某一层次人才的需求，但我们必须清楚，没有哪一种渠道能够永远满足公司所有层次人才的需求。

3.4.1 校园招聘

随着知识经济的迅猛发展，知识型人才在企业中的比重越来越大，各类企业机构也越来越青睐在校园中寻找人才的招聘方式。大学校园是专业人才的重要选拔地。

传统的校园招聘方式一般可分解成4个环节：简历筛选；笔试；面试；录用。然而这种招聘方式并不能全面地考察应聘者的特长和技能，并且招聘不当还会造成不良口碑，影响校园招聘的持续发展。

1. 改善传统校园招聘的方案

（1）优化传统校园招聘流程，从核心胜任力、领导力和专业胜任能力3个方面考核应聘者与公司职位需求的匹配度。

（2）寻找多样化的人才选拔方式，通过定向选拔人才降低培训成本。使人岗匹配，提高员工工作积极性。通过储备人才，培养员工忠诚度。

（3）与高校建立长期的合作关系，塑造良好的雇主品牌。

2. 校园招聘实施的步骤

（1）确定招聘要求；

（2）在合作的高校中确定专业要求；

（3）制定具体行程及安排；

（4）规范招聘流程，例如，现场宣讲与交流、简历搜索、简历筛选、集体面试、单独面试与复试、录用；

（5）后勤支持及费用预算。

3. 校园招聘中应注意的问题

（1）要了解大学生就业政策和规定；

（2）要有应对脚踏两只船现象的对策，如签署协议和备选替补；

（3）要对学生进行职业引导，纠正学生不切实际、好高骛远等错误认识；

（4）对学生感兴趣的问题做好准备。

4. 校园招聘的优缺点对比

（1）优点

①双方了解较充分，挑选范围和方向集中，效率较高；

②可塑性强，培养潜质高，容易接受企业文化；

③提高企业在高校的知名度，为企业储备人才提供人才库；

④大学生具备较新的专业知识、充沛的精力；

⑤可以培养成忠诚度高的员工。

（2）缺点

①缺乏工作经验，培训成本高；

②部分大学生自视甚高，不愿意承担具体烦琐的工作；

③应聘者流动性过大。

3.4.2 网络招聘

在信息时代的背景下,很多企业为提高招聘效率都采用网络招聘模式。

1. 网络招聘概念

网络招聘也被称为电子招聘,是指通过技术手段的运用,帮助企业人事经理完成招聘的过程,即企业通过公司自己的网站、第三方招聘网站等机构,使用简历数据库或搜索引擎等工具来完成招聘过程。

2. 常用招聘网站

(1) 前程无忧

前程无忧是目前国内最知名的综合性招聘网站,为企业提供人才招聘、猎头、培训、测试和人事外包在内的全方位的人力资源服务。前程无忧网站的特点是职位数量多、招聘效果良好,适合文案、前台、行政之类的文职人才寻找工作。网址:http://www.51job.com。

(2) 一览英才网

一览英才网旗下拥有数百个具体行业细分网站,是基于行业垂直细分和区域横向细分的特大型招聘网络平台。其特点是专业细化,适合一些专业人才寻找专业技能的工作。网址:http://www.job1001.com。

(3) 智联招聘

智联招聘为求职者提供职位搜索、简历管理、职位制定、人才评测、培训信息等职能服务,为企业提供一站式专业人力资源服务,拥有巨大的用户群和知名度。网址:http://www.zhaopin.com。

(4) 猎聘网

猎聘网的受众主要是职场精英人群和高端人士,适合一些在行业内具备较长资历和一定知名度的职场精英和管理层人士寻找工作。网址：https://www.liepin.com。

（5）58同城

相对于猎聘网，58同城则可以算得上是中低人才招聘网站。58同城归属综合性较强的网站。在58同城上，可以找到较多如普工、保姆、搬运工、清洁工之类的低级职位。网址：http://bj.58.com/。

（6）天际网

天际网是中国最大的职业社交网络服务网站。其最大的特点是用户不仅可以在网站上求职，而且可以跟很多各行各业的人士交流与对话，扩大社交圈。网址：http://www.tianji.com。

（7）其他网站

中华英才网、赶集网、拉钩网等。

3. 网络招聘优缺点对比

（1）优点

①人才储备量大，覆盖面广；

②时效性强，交流方便快捷；

③招聘费用低，性价比高；

④通过条件搜索引擎筛选简历，针对性强。

（2）缺点

①网上虚假信息多，信息真实度低；

②鱼龙混杂，人才辨识难度大；

③简历质量良莠不齐；

④信息处理难度大，耗时长。

3.4.3 传统媒体招聘

传统媒体招聘是补充各种工作岗位都可以使用的招聘方式。此种方法应用普遍。

1. 传统媒体招聘概念

传统媒体是相对于近几年兴起的网络媒体而言的。传统的大众传播方式，即通过某种机械装置定期向社会公众发布信息或提供教育娱乐平台的媒体，主要包括报刊、户外、通信、广播、电视及自媒体以外的网络等传统意义上的媒体。以传统媒体为媒介进行的招聘活动就是传统媒体招聘。

2. 传统媒体招聘优缺点对比

优点：在传统媒介发布招聘广告可以减少招聘的工作量，广告刊登后，只需在企业等待应聘者上门即可。这种形式的招聘广告覆盖面较广，目标受众接受率较高，可以提升企业知名度，有利于宣传企业业务、树立企业形象。

缺点：在报纸、电视中刊登招聘广告费用较大、成本高；广播电台播出招聘广告的费用会少很多，但效果比报纸、电视广告差一些。这种招聘渠道会吸引到很多不合格的应聘者，增加了人力资源部门简历筛选的工作量和难度，延长招聘的周期。这种传统媒体招聘方式艰难对于应聘的人数和应聘人的资格进行控制，无法知道应聘者的人数和质量、是否有合适的人才，增加了面试的工作量。现在通过报纸进行招聘的企业很多，如何吸引更多人的注意是企业需要考虑的一个重要问题。通常，企业会采用这种方式招聘有实际工作经验的社会人员。随着网络的大面积普及，传统媒介招聘的重要性越来越小。

3.4.4 猎头公司委托招聘

委托猎头公司是将用人要求和标准转告猎头公司，委托其寻找合适人才。

1. 猎头概念

猎头，意为物色人才的人，是帮助优秀的企业找到需要的人才。这个词另外的说法叫作高级人才寻访。"头"指智慧、才能集中之所在，"猎头"也可指猎获人才，即发现、追踪、评价、甄选和提供高级人才的行为。在国外，这是一种十分流行的人才招聘方式。

2. 委托猎头公司招聘时应注意的问题

（1）向猎头公司声明本公司需要的人才种类及其原因。

（2）了解猎头公司开展人才搜索工作的范围（美国猎头公司协会规定，猎头公司在替客户推荐人才的2年内，不能再为另一位客户把这个人才挖走。所以在一定时间内，猎头公司只能在逐渐缩小的范围内搜索）。

（3）了解猎头公司直接负责指派任务的人员的能力，不要受其招聘任务的迷惑。

（4）提前确定服务费用的水平和支付方式。

（5）选择值得信任的人来担此重任，以防本公司重要信息的泄露。

（6）向以前委托过此家公司做猎头的公司或个人了解猎头公司的服务水平和实际效果。

3. 猎头招聘的优缺点对比

（1）优点

①针对性强，根据企业所需人才的职业和职位的不同，为企业推荐不同的人才；

②提供客观建议对推荐的人才进行初步的资质审查和技术、技能的评测；

③具有广泛人才搜集渠道；

④按企业需求推荐人才；

⑤效率高，节约时间成本；

⑥从业者素质较高，职业道德有保障。

（2）缺点

①招聘的成本高（中介成功后，猎头公司收取企业的中介费用一般为中介成功的人员年薪的20%～30%）；

②服务质量参差不齐；

③企业本身缺乏人员储备；

④不利于调动本企业员工的积极性。

3.4.5 现场招聘

1. 现场招聘的概念

现场招聘是一种企业和人才通过第三方提供的场地，进行直接面对面对话，现场完成招聘面试的一种方式。现场招聘一般包括招聘会和人才市场2种方式。

2. 现场招聘应注意的问题

（1）准备工作要做足；

（2）着装合宜得体；

（3）尽量能早些到，为应聘者留下严谨、认真的印象；

（4）提前准备好面试问题，也可根据应聘者情况现场提问；

（5）制作属于公司的名片及简介，使应聘者更好地了解公司的情况。

3. 现场招聘优缺点对比

（1）优点

①费用适中，比较直观，可见到应聘者本人，可了解应聘者本人的相关信息，现场进行选拔；

②参加招聘会的人员较多，可选择余地大；

③在招聘会现场也可适当播放一些公司的视频及张贴公司的宣传海报，增加入场人员对公司的印象，直观展示企业实力和风采。

（2）缺点

①时间短，不能当场对应聘者进行详细的判定；

②现场招聘者个人因素及会场的环境等情况，易造成对应聘人员把握不准，造成真正优秀人员的流失。

3.5 简历筛选

3.5.1 快速浏览简历的技巧

1. 简历的信息分类

（1）个人基本信息：学历、资格水平、年龄、性别、籍贯、地址、电话、身份、婚否、照片。

（2）意愿类信息：期望工作地点、薪资要求、行业、岗位信息。

（3）经历类信息：教育背景、工作履历。

（4）其他信息：求职留言、家庭关系、社会关系、成就和荣誉等。

2. 关注简历与职位的匹配度

（1）专业匹配

有些岗位需要考虑求职者过去所从事专业与应聘岗位的匹配度，这个匹配度一般可以通过以下三个方面来考察：求职者在校期间所学专业与应聘岗位的专业对口程度；求职者过去所在职位类型及从业时间长短与应聘岗位的符合程度；求职者曾经接受过的培训与应聘岗位的符合程度。

（2）工作背景匹配

另一个需要关注的匹配性方面是求职者曾经工作的公司大致背景与应聘公司的背景是否相似，如所在行业是否一致、面对的下属是否具备相似性等。这一点对于中高层的管理者来说可能尤为重要。

（3）工作地点匹配

要考虑求职者期望的工作地点与应聘职位所在地点是否一致。

（4）期望薪资匹配

要考虑求职者的期望薪资与应聘职位的薪资水平是否一致。

（5）稳定性匹配

要考察求职者的就职稳定性与应聘岗位是否一致，求职者的就职稳定性可以通过考察求职者在总的工作时间内跳槽或转岗的频率来进行推算。如果求职者在短时间内频繁跳槽和换岗，应聘职位又要求相对稳定，则要慎重考虑。

3. 过滤虚假信息

（1）简历内容是否有悖常理；

（2）年龄与学历的匹配是否合理；

（3）甄别职位头衔与海外经历的虚实；

（4）所从事行业、职位特征与薪资期望是否合理；

（5）从业经历时间衔接是否合理。

3.5.2 简历示例

一份简单明晰的简历，能够条理清楚地分类，不拖沓，不矫饰。能够让HR在1分钟内记住你的信息，知道你想要找什么工作、有什么技能适合这份工作。一份好的简历能够在短时间内给人留下深刻的印象。你的简历上的信息让人家记住得越多，你的简历做得就越成功。其实，简历没有一个固定的格式是通用有效的。简历好坏的关键是它给HR留下了怎样的印象，有什么区别于其他简历的内容，你的简历突出了什么，等等。自己把握简历的长短，记住：过犹不及。

简历示例参考详见表3-2所示。

表3-2 简历示例表

个人资料		
姓名：	性别：	
出生日期：	学历：	
毕业院校：	专业：	
工作经验：	现任职位：	
申请职位：	薪资要求：	
联系方式：		
自我评价		
工作经验		
职业技能		
作品列表		

3.6 笔试

1. 笔试概念

笔试(Written Test)是一种与面试对应的测试,是考核应聘者学识水平的重要工具。这种方法可以有效地测量应聘人的基本知识、专业知识、管理知识、综合分析能力和文字表达能力等素质及能力的差异。

2. 笔试试卷设计原理

(1)针对性强,理论知识考核与招聘岗位需求相符;

(2)知识类型多样化设计,考核应聘者理论综合素质;

(3)重视理论与实际的结合,设计试卷时,要尽量多用案例以及讨论等方式;

(4)分类设计,可分别考核智力、性格、英语能力等各方面,全面了解应聘人。

3. 笔试优缺点分析

(1)优点

①经济性:笔试可对大批应试人员在不同空间、不同时间、不同时间内实施,测评效率高。

②广博性:笔试的试卷内容涵盖面广、容量大,一份笔试试卷常常可以出几十道乃至上百道不同类型的试题,因而通过笔试可以测试出应聘者的基本知识、技能和能力的深度和广度,测试的信度和效度都比较高。

③客观性:这是它最显著的优点。考卷可以密封,主考人与被测者不必直接接触,评卷又有可记录的客观的尺度,考试材料可以保存备查,这较好地体现了客观、公平、公正的原则。

（2）缺点

①偏重于机械记忆，不易发现个人的创造性和推理能力；

②考察方向比较单一（不能全面地考察应聘者的工作态度、品德修养以及组织管理能力、口头表达能力和操作技能等）；

③偏重理论性，不易考察实践能力。

3.7 电话面试

1. 电话面试与沟通要做的准备

（1）提前确定沟通内容；

（2）确认应聘者对应聘岗位的了解；

（3）简单确认简历内容；

（4）确认应聘者是否有比较特殊的要求；

（5）沟通面试的时间与地点。

2. 电话面试过程

（1）自我介绍；

（2）了解求职者的公司和职位基本情况，了解能力和业绩；

（3）了解求职者和我们公司及岗位的匹配度；

（4）了解求职者的以往工作的薪酬和期待薪酬；

（5）推介（介绍企业文化，尤其是优势和特色）。

3. 电话面试技巧

（1）打电话前的准备工作

①对企业的招聘信息进行包装。应聘者在得到电话通知后，一般会再查看自己简历投递的记录。良好的招聘信息，会增加应聘者参加面试的概率。

②在电话面试沟通之前做好相关职位和行业公司资料的准备，以便查询。

③详细地查看应聘者的简历并标出需进一步了解或确认的关键信息。

④做好被质疑和拒绝的准备。

⑤设计好几个可以缓解气氛及引导应聘者的话术。

⑥注意电话通知时间的技巧。

（2）打电话时的注意事项

①首先要招呼，询问现在打电话是否合适或是否方便。

②介绍自己和公司，把公司的优势和特色做个简单的描述。

③确认简历信息，进行招聘职位描述，这样做，就唤起了应聘者的记忆，获得了他的信任，而且还提高了他听电话的注意力。

④在学历、工作经历等方面适当地称赞应聘者，增加应聘者对公司的认同度。

⑤告知对方已经通过了简历筛选，让应聘者觉得企业招聘有一定的门槛、流程正规，进一步增加应聘者对企业的认同度。

⑥沟通中注意倾听，并恰当地做到将自己的看法拿出和对方分享或讨论。

⑦邀约，提供至少两个面试时间让对方选择，让对方感受到企业的重视。

⑧确定时间后，在电话最后，将面试的时间进行重复，和应聘者达成心理契约。

（3）电话结束后的工作

电话结束后要给对方发一个短信或者邮件，告知对方面试时间、地点、行车路线、公司名称、联系人、公司的大概情况、所招岗位名称及相关情况，并留下电话号码，便于所通知对象有不明之处可电话咨询。有一封正式的邀约信函，候选人会感觉受到重视。

3.8 面试与应聘者能力评估

3.8.1 面试

1．面试概念

面试是公司挑选职工的一种重要方法，是一种经过组织者精心设计，在特定场景下，以考官对考生的面对面交谈与观察为主要手段，由表及里测评考生的知识、能力、经验等有关素质的考试活动。面试给公司和应招者提供了进行双向交流的机会，能使公司和应招者之间相互了解，从而使双方都可更准确地做出聘用与否、受聘与否的决定。

2．面试形式

（1）问题式

由招聘者按照事先拟定的提纲对求职者进行发问，请予回答。其目的在于观察求职者在特殊环境中的表现，考核其知识与业务，判断其解决问题的能力，从而获得有关求职者的第一手资料。

（2）压力式

由招聘者有意识地对求职者施加压力，就某一问题或某一事件做一连串的发问，详细、具体且追根问底，直至无以为对。此方式主要观察求职者在特殊压力下的反应、思维敏捷程度及应变能力，可以考察应聘者提供的信息真实度。

（3）随意式

即招聘者与求职者漫无边际地进行交谈，气氛轻松活跃、无拘无束，招聘者与求职者自由发表言论，各抒己见。此方式的目的为：在轻松的交流中观察应试者的谈吐、举止、知识、能力、气质和风度，对其做出全方位的综合素质考察。

（4）情景式

由招聘者事先设定一个情景，提出一个问题或一项计划，请求职者进入角色模拟完成。其目的在于考核其分析问题、解决问题的能力。

（5）综合式

招聘者通过多种方式考察求职者的综合能力和素质，如用外语与其交谈，要求即时作文或即兴演讲，或要求写一段文字，甚至操作一下计算机，等等，以考察其外语水平、文字整理、书法、口才表达、计算机操作等各方面的能力。

以上是根据面试种类所做的大致划分，在实际面试过程中，招聘者可能采取一种或同时采取几种面试方式，也可能就某一方面的问题对求职者进行更广泛、更深刻即深层次的考察，其目的在于能够选拔出优秀的应聘者。

3. 面试目标

（1）面试官目标

①创造一个融洽的会谈气氛；

②让应聘者更加清楚地了解应聘单位；

③了解应聘者的专业知识、岗位技能和非智力素质；

④决定应聘者是否通过本次面试。

（2）应聘者目标

①营造一个融洽的会谈气氛，尽量展现出自己的实际水平；

②有充分的时间向面试考官说明自己具备的条件；

③希望被理解、被尊重并得到公平对待；

④充分了解自己关心的问题；

⑤围绕面试目标应进行必要的说明。

4. 面试流程

面试流程可见表3-4所示。

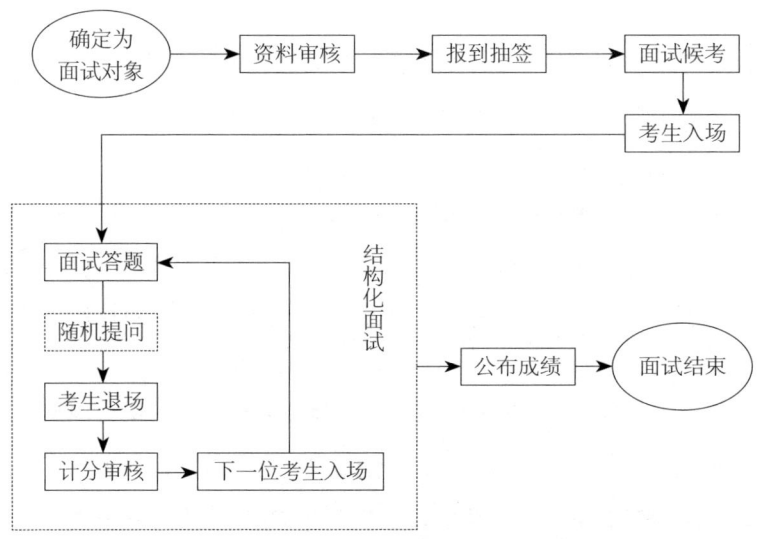

图3-4　面试流程图

3.8.2　面试通知单

1. 面试轮次表

许多HR会安排多次面试，由浅入深、由表及里地筛选出最合适应聘岗位的人选。面试轮次详见表3-3所示。

表3-3 面试轮次表

面试轮次	主管及以上人员面试考官		一般人员面试考官
第一轮面试	部门负责人、招聘主管	大型招聘由人力资源部负责人、岗位专业人员、分管副总、用人部门负责人（必要时外聘专家）组成面试委员会进行集体面试	直接主管、招聘主管
第二轮面试	分管副总、人力资源部负责人		用人部门负责人
第三轮面试	各单位总经理（总裁）或分管人事副总		各单位根据需要自行确定

2．面试材料

简历、身份证、毕业证原件、职称证原件、健康检查。认真检查证件是否真实有效，避免假冒证件和证明材料。

3．面试记录

面试主管应在面试记录表上签字并及时返还人力资源部。

4．面试面谈记录表

表3-4 面试面谈记录表

姓名			应征项目			
用表提要	请主持面谈人员，在适当之格内打√，无法判断时，请免打√					
评分项目	配分					
	5	4		3	2	1
仪容体态	优	良		中	差	极差
体格、健康	优	良		中	差	极差
口头表达能力	优	良		中	差	极差

续表

灵活应变能力	优	良	中	差	极差
情绪控制	优	良	中	差	极差
上进心和自信心	优	良	中	差	极差
责任感和归属意识	优	良	中	差	极差
管理能力	优	良	中	差	极差

附：

总评： □拟予试用　　面谈人：
　　　 □列入考虑
　　　 □不予考虑　　日期：　月　日

3.8.3 应聘者能力评估

应聘者能力评估应主要参考以下要素：工作经营创新意识、专业知识及技能、语言表达能力、求职意向、工作态度及真诚度。面试人员根据对应聘者以上几个要素的评估，考量与应聘岗位的匹配度，进行人员筛选。

企业在不同的阶段对应聘者职位稳定性要求不一样，结合企业不同发展阶段、不同职位对职业稳定性的要求，可以综合评估应聘者的稳定程度是否满足拟招聘职位稳定性方面的要求。

应聘者能力评估可见表3-5所示。

表3-5 应聘者能力评估表

姓名			岗位	
所属部门				
面试时间		年 月 日		
考核能力项目	权重	考核要点		评分
知识技能	20%	基础知识和专业知识 工作经验 工作技能		
逻辑思维能力	20%	对岗位工作内容的理解 对上级下达指示的理解 分析、归纳和总结能力 洞察能力以及判断的失误率		
创新能力	20%	管理创新 技术创新 合理化建议采纳数		
人际沟通能力	20%	上下级同事之间的沟通 跟顾客的沟通		
表达能力	20%	口头表达能力 文字表达能力		

续表

总得分					
应聘者签名		直接主管签名		部门主管签名	
备注：评估结果到人力资源部门备案					

3.8.4 背景调查

当与候选人达成录用共识后，在应聘者入职之前，企业必须对候选人进行背景调查，以确定候选人提供的关键信息、经验背景是否真实。对于关键岗位和高层管理人员，企业还要特别关注候选人在人品、道德、职业素养方面是否有不良记录和一贯倾向，从而有效规避用人风险。

1. 背景调查分类

（1）基层员工，要调查的内容包括身份信息调查、学历信息调查、家庭背景调查等；

（2）中层干部，要调查的内容除了基层员工背景提出的信息外，还需添加工作考核结果调查、收入调查等；

（3）高层干部，要调查的内容除了以上两种类别的调查内容外，还需调查企业经营业绩、社会影响力等。

一般层级越高，调查的越深入、越详细。

2. 背景调查方法

（1）直接根据候选人提供的原工作单位联系人电话号码，进行电话调查。

（2）通过间接渠道，对候选人原单位的人力资源部门进行电话调查。

（3）通过朋友、业内人员、合作客户进行间接的了解调查。

（4）以某些协会组织或猎头公司等名义进行虚拟角色调查。

调查结果要如实写在调查记录表中，以供用人部门参考。

市场上主流的员工背景调查主要涉及三方面。第一是对候选人身份、学位、学历等基本情况的真伪进行核实；第二是鉴定候选人工作经验和能力，如候选人入职前的工作经历与所应聘企业层次上是否对应，或候选人的专业技能能否胜任应聘岗位；第三是调查候选人是否有知识产权保护、竞业禁止等敏感记录，降低企业法律风险。这三方面背景调查可以分开单独做，也可以结合在一起做，根据需要调查的企业和调查对象的不同，费用也不相同。

然而，目前在北京、上海等外企比较密集的地区，很多跨国企业在招聘中层以上职位人员时，都会要求猎头公司甚至第三方公司对候选者进行雇前背景调查。在欧美等经济发达地区，雇主企业也都会对求职者进行背景调查，最基本的调查项目就是对求职者提供的工作经历和教育背景进行核实。

术业有专攻，在当前人才市场缺乏规范、虚假简历逐渐泛滥的情况下，雇前背景调查作为一项成熟的招聘技术，毫无疑问是一个可行的、能够帮助雇主企业把好第一道安全关卡的有效方法。背景调查对规范职场环境、提高职业道德，乃至改善整个国家的个人诚信体制，都将起到难以估量的作用。

3.9 新员工入职流程

新员工入职一般主要有六大步骤：入职准备；入职报到；入职手续；入职培训；转正评估；入职结束。详情可见图3-5所示。

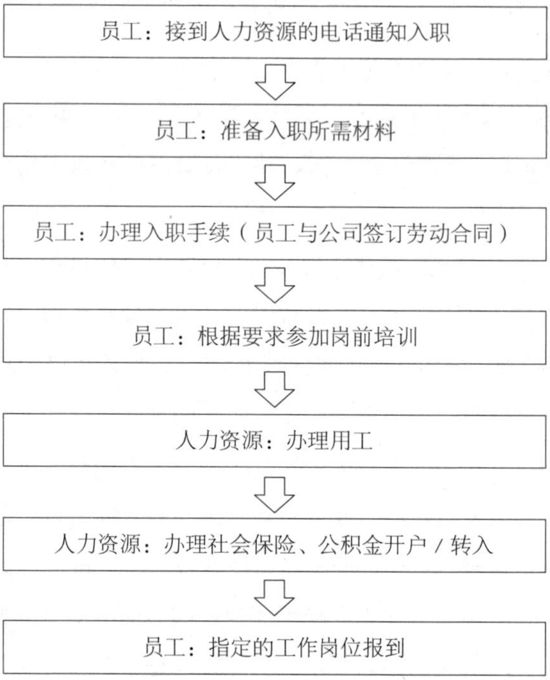

```
员工：接到人力资源的电话通知入职
          ↓
员工：准备入职所需材料
          ↓
员工：办理入职手续（员工与公司签订劳动合同）
          ↓
员工：根据要求参加岗前培训
          ↓
人力资源：办理用工
          ↓
人力资源：办理社会保险、公积金开户／转入
          ↓
员工：指定的工作岗位报到
```

图3-5　新员工入职流程图

招聘结束后，HR一般会对心仪的员工发放录用通知书（如表3-6所示）。

表3-6　录用通知书

先生/女士： 感谢您对＿＿＿＿＿＿集团的信任与支持，您在应聘我公司＿＿＿＿＿＿职位中脱颖而出，经过认真考核筛选，我们决定录用您为该职位人选			
类别	项目	安排	备注
人事安排	部门岗位		
	入职引导人		
	合同	根据现行公司规定，首签为18个月，试用期为2个月，入职后1个月内根据评估结果签订	根据现行劳动法和公司规定，1个月内签订劳动合同

续表

薪酬福利	薪资	月度基本工资____元/月。薪资结构为：年度总收入=月度基本工资+月度绩效工资+季度奖金+年终奖金。 其所占比率分别为____%、____%、____%、____%	月度绩效工资、季度奖金、年终奖金根据集团经营状况、本单位业绩、本人考核结果对应发放
	附加薪酬	读书补贴（____元/月）；通信补贴：（____元/月）；工龄补贴（____元/月）；车辆补贴（____元/月）	
	福利	过节福利根据《薪酬管理制度》执行	

新员工入职手续办理清单详见表3-7所示。

表3-7 新员工入职手续办理清单

新员工资料	姓名		性别		民族		工号	
	生日（阳历）	月 日		报到日期			手机号码	
	入职部门			担任职务			直接上级	
入职前准备	行政准备工作 □电脑配置（含所需软硬件、网线、网络及打印机等外设的安装与测试） □话机配置，直线电话_____，传真_____，分机_____ □门禁卡　　□用餐卡 □钥匙（办公桌、柜、办公室房间等） □基本办公用品 □办公位及办公桌、椅安排整洁妥当 □企业邮箱： 经办人签字：				人事准备工作 □邮件形式发"录用通知书"并确认 □通知用人部门做好新员工到岗接待准备工作 □"入职指南"与"入职手续清单"的准备 □"劳动合同书"与"保密协议"的准备 □其他相关人事文表、协议的准备 □前台接待的安排衔接 经办人签字：			

续表

入职当天	入职手续办理明细	办理情况	经办人签署
人事手续	1. 查验员工个人入职必备资料并归档： □学历学位证书　□职业技能资格证书　□1寸彩照4张 □离职证明或相关资料　□基本医疗手册　□体检报告 □身份证原件及复印件 □其他：		
	2. 发放"新员工入职指南"		
	3. 填写："员工履历表""社保登记表"等相关表单		
	4. 办公环境、公司领导、部门领导与同事介绍		
	5. 照片扫描并于入职当天发公司新员工入职PPT介绍		
	6. "劳动合同"及相关声明/协议的说明与签署		
	7. 职位说明书、试用期考核标准的说明与签署		
	8. 员工内部档案的建立、更新花名册和员工通讯录		
行政手续	1. 钥匙、电脑、电话与基本办公用品的领用签收		
	2. 电话分机与邮箱地址开通告知，保证正常使用		
	3. 按需进行名片制作及发放；办公工位的确认		
	4. 公司网络信息平台的说明及相关信息答疑		
	5. 电脑/笔记本各类日常办公必备软件的安装测试与正常使用		
固定资产领用声明	1. 由公司提供给员工使用的电脑仅限员工个人办公使用，不得出租或外借 2. 员工有权使用公司所提供的办公资产，但也有义务对公司办公资产进行保护，保证领用资产的完好性 3. 员工应对所领用资产负责，任何物品有损失时，由领用人负责赔偿 4. 如发现资产是人为损坏，公司有权要求领用人支付维修产生的费用		
员工确认	1. 承诺：本人已经阅读了"固定资产领用声明"，并承诺遵守此项规定中的各项条款 2. 我已办完入职手续，清楚以上内容，开始在公司正式上班 新员工签字：　　　　　　日期：		
备注：	此表填写完整后交行政人事中心留存		

3.10 人力资源配置

3.10.1 传统人力资源配置

不可否认，传统的人力资源理论的确给予人力资源管理更多的内容，并且提供了一个分析问题的框架。其优点在于能够形式化地说明任职者需要完成的活动，而缺点是在工作日益知识化的时代，它无法明确描述符合要求的、可以量化的产出或者结果，是一种过程导向的管理模式，不能区分绩效优秀者与一般者。它过于强调管理形式和操作的规范性，而忽略了管理的本质内容。把管理的重点投放在"岗位"上，员工成了岗位的附属品，不能有效释放员工的才能，大大影响人力资源胜任力与潜力的发挥。这种实施传统的管理模式很难获得期望绩效，人力资源的浪费带来管理成本的巨大支出。

传统体制实行高度集中的计划方式配置资源，与此相对应，人力资源配置的主要方式是行政安排。这种行政安排使企业采取计划用工和实行长期一贯的统一工资制度。

具体而言，我国传统体制下的人力资源配置特点和弊端如下。

（1）国家对企业劳动力实行统包统配制度，政府作为国家代表行使作为人力资源的统一配置途径的计划配置职能。用人单位通常处于被动接受政府计划分配劳动者的地位，缺乏选择劳动力及决定劳动力价格的权力，也无法决定是否辞退具有正式职业身份的劳动者。这导致企业缺乏激励与竞争机制，生产效率水平低下。

（2）城乡劳动力市场处于严重的分割状态，户籍制度人为地阻断了城乡企业间的人力资源流动。

（3）在传统体制下，用人者缺乏选人的权力，劳动者缺乏择业的权力，不仅导致生产效率低下，长期积累了严重的冗员问题，而且导致劳动者丧失了提高自身素质的原动力，人才成长壁垒造成了人力资源个体素质和结构与社会需要不相吻合。

3.10.2 现代人力资源配置

胜任力理论作为现代人力资源管理典型理论，其关键在于寻找组织的绩效卓越者。绩效卓越者通常能够主动完成组织的目标，具备灵活处理工作任务的快速应变能力。胜任力的人力资源管理需要从直接影响工作业绩的个人条件和行为特征来寻找卓越者；识别绩效卓越者和达标者的特征，并按绩效标准来鉴别卓越者，将绩效卓越者和绩效达标者区分开来。企业可以采用指标分析和专家小组讨论的办法，提炼出鉴别工作优秀的员工与工作一般的员工的绩效标准。这些指标应有硬指标，如利润率、销售额等，还必须有软指标，如行为特征、态度、服务对象的评价等。绩效卓越者，在没有传统框架的束缚下，就会按他熟悉的工作环境和工作流程，选择更好的做法，主动地完善自己发挥胜任力特征表现，让自己变得更为卓越。如此，一个组织将具备剩余优势，为适应组织的发展赢得更多、更优秀的人力资源。

基于胜任力的人力资源匹配关系的形成在人力资源管理上，要做好"人岗匹配"。仅仅考察工作胜任特征的共性是不够的，还必须给不同的岗位构建不同的工作胜任特征模型，适应不同岗位的胜任特征要求。

人员、职位、组织三者的匹配。随着信息技术和知识经济的迅速发展，人员、职位、组织三者对企业的发展显得越来越重要。企业要通过匹配与整合来保持企业战略和人力资源成本战略的一致性。人力资源的成本管理，服务于提高组织绩效和获取竞争优势的目标，提供战略性的保障，已被纳入组织经营战略互动的管理体系，必须与组织的战略及战略需求相统一、相匹配。企业在人力资源管理上追求更大的灵活性，以便更好地依靠组织团队，强化企业管理中"人的因素"。公司的财富更加依赖于其员工所具备的胜任能力表现，尤其是那些具有很高专业技术和能力的员工能力的发挥。

员工、岗位、组织三者的匹配。胜任特征的岗位分析强调把"员工—岗位—组织"匹配作为企业获取竞争优势的一种关键途径。通过对优秀员工的关键性胜任特征和对组织的核心胜任特征两个层面的分析，确定岗位胜任要求和组织的核心竞争力，是一种人员导向的岗位分析方法。在实际工作情境中，这种分析具有更强的绩效视觉感。随着现代人力资源管理的发展，基于胜任特征的岗位分析越来越趋向于较灵活的、指向未来的导向和战略性导向策略，即按照组织未来发展要求重构、再造岗位职责和工作任务，确定员工新的职务人力资源管理的"人能匹配"。现代企业需要真正把人力资源管理工作的着眼点转移到员工本身，即从员工是否能够适应特定岗位要求的"人岗匹配"，转变为员工是否能在变化的工作情境中真正成为一名具有业绩优秀者素质的"人能匹配"。这无疑会使组织的人力资源管理向着真正能够提高员工工作绩效方向发展，从而做到"人与组织在动态发展中的匹配"。

3.11 案例呈现

英特尔集团的独特招聘渠道，众所周知。

英特尔公司的招聘渠道很多。其中包括委托专门的猎头公司帮他们物色合适的人选。另外，通过公司的网页，你可以随时浏览有哪些职位空缺，并通过网络直接发送简历。只要他们认为你的简历背景适合，你就有机会接到面试通知。

还有一个特殊的招聘渠道，就是员工推荐。它的好处首先在于，现有的员工对英特尔很熟悉，而对自己的朋友也有一定了解，基于这两方面的了解，人力资源管理者会有一个基本把握：那个人是否适合英特尔，在英特尔任职能不能有所成就。这比仅两个小时的面试要有效得多，相互的了解也要深得多。英特尔非常鼓励员工推荐优秀的人才给公司，如果推荐了非常优秀的人，这个员工就会收到公司的奖金。当然，进人的决策者是没有奖金的。如果因为人情招了不适合的人，决策者就会负一定责任，所以决策者会紧紧把握招聘标准，绝不会出现裙带关系。

3.12 案例分析

英特尔集团通过网络渠道进行招聘是最常见的招聘方式，其快捷、方便、高效率的优势显而易见。通过猎头公司进行招聘一般适用于招揽高层技术管理人员，投入的招聘成本高但是能壮大高层人才队伍，提高公司在市场上的竞争力。

英特尔集团的特殊招聘方式——员工推荐属于内部招聘，其优点是不仅能提高内部员工的工作积极性，而且能大大降低招聘成本。内部员工由于对新岗位和员工较熟悉，因此，新员工可缩短试用期，较易了解企业文化。同时，内部员工得到更多的锻炼机会，了解企业更多的业务，增加更多的技能。员工推荐是培养内部人才的一种有效手段。

第4章
绩效管理

所谓绩效管理,就是以目标为导向,将企业要达成的战略目标层层分解,通过对员工的工作表现和工作业绩进行考核和分析,改善员工在组织工作中的行为,充分发挥员工的潜能和积极性,更好地实现企业的各项目标的程序和方法。

4.1 绩效管理流程

绩效管理流程是一个完整的系统，它由绩效计划、绩效实施与评估、绩效反馈、绩效改进四个环节构成。图4-1清晰地显示了这个系统中不同环节之间的关联。

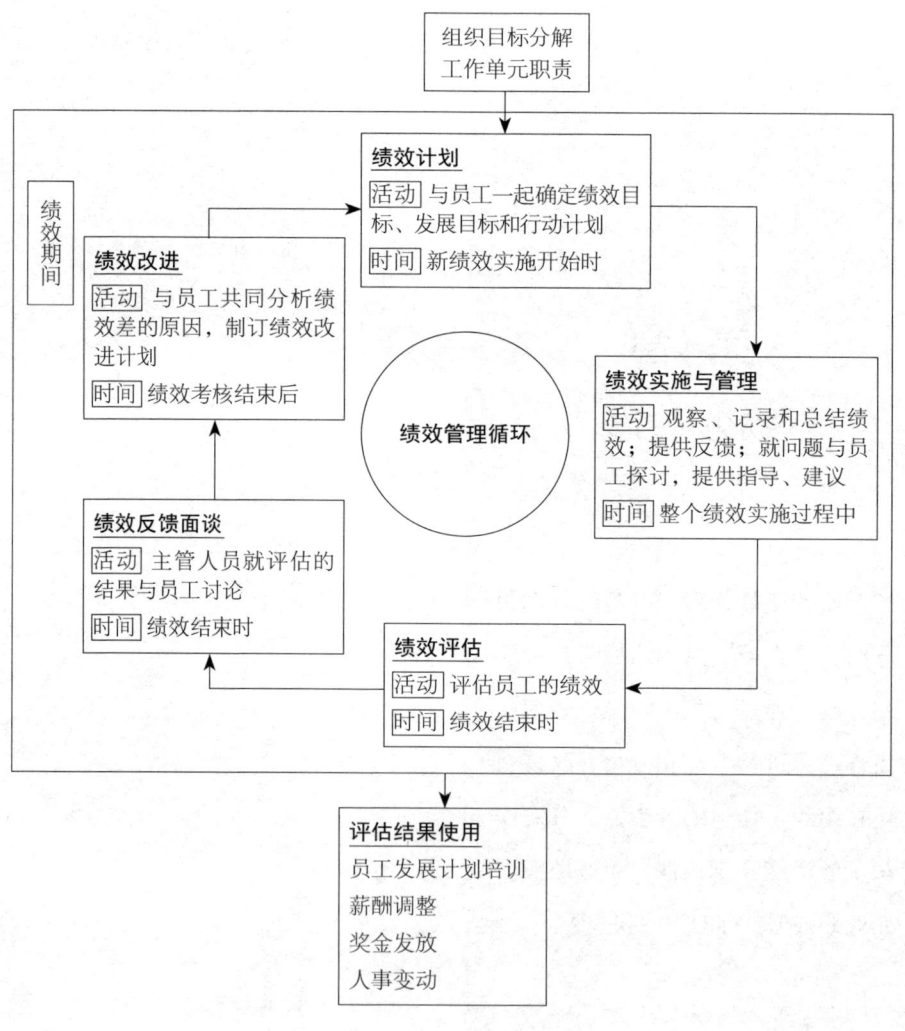

图4-1 绩效管理流程图

1. 绩效计划

绩效计划是绩效管理流程中的第一个环节，发生在新的绩效期间的开始。制订绩效计划的主要依据是工作目标和工作职责。绩效计划会随工作的开展，就情况更新而改善。在绩效计划阶段，管理者和被管理者之间需要在对公司员工绩效的期望问题上达成共识。在共识的基础上，被管理者对自己完成工作目标做出承诺。

绩效计划的制订应考虑以下方面。

（1）员工在本次绩效期间内所要达到的工作目标是什么？

（2）制订绩效计划的主要依据是工作目标和工作职责。达成目标的结果是怎样的？这些结果可以从哪些方面去衡量？评判标准是什么？

（3）从何处获得关于员工工作结果的信息？

（4）员工的各项工作目标完成得如何？

2. 绩效的实施与评估

制订了绩效计划之后，被评估者就开始按照计划开展工作。在工作的过程中，管理者要对被评估者的工作进行指导和监督，对发现的问题及时予以解决，并对绩效计划进行调整。在整个绩效期间内，管理者都需要不断地对员工进行指导与反馈。

在绩效期结束的时候，依据预先制订好的计划，主管人员对下属的绩效目标完成情况进行评估。绩效评估的依据就是在绩效期间开始时双方达成一致意见的关键绩效指标，同时，在绩效实施与管理过程中，收集到的能够说明被评估者绩效表现的数据和事实，可以作为判断被评估者是否达到关键绩效指标要求的证据。

绩效的实施要以绩效管理组织的建设为依据。

（1）绩效管理实施计划；

（2）岗位关键指标和权重；

（3）考核周期及管理考核或跨部门考核；

（4）指标数据化量化设计；

（5）绩效管理表单设计；

（6）绩效管理组织设计、绩效分析评估改善流程设计。

3. 绩效反馈

绩效反馈，就是将绩效评价的结果反馈给被评估对象，并对被评估对象的行为产生影响。绩效反馈是非常关键的一环，能否达到绩效评估的预期目的，取决于绩效反馈的实施效果。

完成绩效评估后，主管人员还需要与下属进行一次面对面的交谈。通过绩效反馈面谈，下属可以了解主管对自己的期望，了解自己的绩效，认识自己有待改进的方面；并且，下属可以提出自己在完成绩效目标中遇到的困难，请求上司指导或帮助。

绩效反馈的意义在于以下几点。

（1）使员工正确认识自己的绩效，保证绩效考核的公开、公正性。

（2）有助于使员工认清自己的长处与不足，提高自主管理能力。

（3）有助于帮助员工制订改进计划，不断提升员工个人能力与绩效。

（4）有助于明确下一阶段的绩效目标，推动绩效管理的执行和优化。

（5）有助于拓展上下沟通的渠道，找出影响部门绩效的原因，提升绩效。

绩效考评反馈阶段，需要考评者与被考评者对考核目标达成一致，然后根据工作结果找出差距，从而明确下一个阶段的改进目标。

4. 绩效改进

绩效改进就是采取一系列具体行动（绩效辅导活动）来改进员工的绩效。通常，在绩效反馈面谈时，管理者可以直接指出员工需要改进之处。其后，员工即可选取一次缺失（待改进的项目）率先开始进行绩效改进。

绩效改进的方面：

（1）工作绩效评估要素和技能要求；

（2）工作绩效分析与实例；

（3）工作绩效计划；

（4）与员工进行讨论。

每个员工都有需要改进的地方，但又都有优点。主管首先要挖掘出下属的优点。此外，业绩辅导重在绩效，而非人格，唯有这些品格与绩效有关时才值得一提。因此，主管在制订员工改进辅导计划时应注意：首先做好一名导师，率先示范，身体力行，这样才能赢得部属的尊重；其次，要帮助制订培训规划，与下属员工一起做好全面的培训规划与设计，并做好培训效果的评估，保证培训达到预期效果；最后，要做好职业辅导，帮助下属员工进行职业生涯规划，把员工自身发展的需求变为不断提高绩效的动力。最后，主管与下属员工一起合力确定选取改进项目和制订改进计划。

5. 应用开发

绩效管理与考核结果可以运用在企业和人力资源管理的多个方面，如图4-2所示。

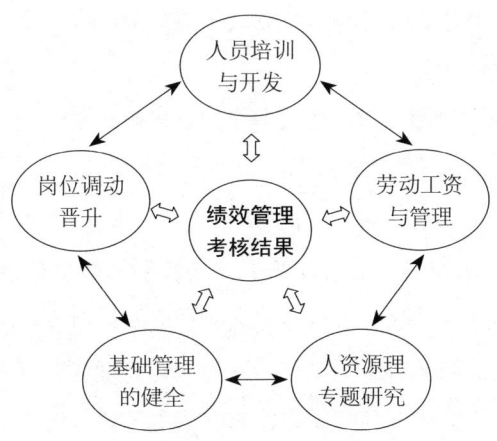

图4-2 绩效管理与考核结果

4.2 绩效管理的主要目标

1. 绩效管理的主要目的

（1）提高决策层本身工作的规范化和计划性。绩效是层层分解的，高层管理者应明确发展目标，适时下达决策，分配任务，中低层才能根据目标统筹工作的进行。

（2）明晰管理层次的逻辑关系，从而减少各个部门之间的摩擦，提高组织运行效率（这一点在国有企业是历史难题），事事明晰责任单位、责任人，明确工作任务完成的时限和内容，防范、杜绝以权谋私、争权夺利的现象。

（3）让所有员工肩上都有担子，时时有事做，事事有目标，绩效管理是一个系统工程，像个篮子可以装很多东西，而关键绩效考核指标（KPI）分解是核心的线条，这个线条就是编织篮子的竹藤，而层层分解的指标就是各个层次员工的具体工作。

（4）通过绩效测评，疏通员工职业发展渠道，建立合理的奖罚制度，好的升、奖、委以重任，差的降、罚、再培训、降低要求和薪酬甚至淘汰。

（5）构建和谐企业文化，奖勤罚懒、优胜劣汰、有言在先、目标明确、心往一处想劲往一处使，都是和谐企业文化的关键内容，而绩效管理的长期推进，恰恰能实现这些内容。

绩效管理的根本目标：通过绩效考核的方式提升团队、个人的执行力及工作效率，从而给企业创造更多的利润、创造更大的效益。

举例说明，公司的薪资福利的框架是人力资源管理的重要部分，而且和每个员工的利益息息相关。目前市场上人力资源领域内薪酬竞争激烈，从公司的角度看，薪酬不能太高，太高会加大公司成本；但也不能太低，太低了又会导致缺乏竞争力，留不住优秀员工。只有制定合理的薪资福利框架才能既让员工满意又有竞争力。外部薪酬调研作为获取市场薪酬信息是企业人力资源薪酬策略的制定和日常的薪酬管理工作的重要依据。通过调研，制定正确的薪酬策略，有效地控制企业的人力资源成本，这是企业人力资源专业化的一部分。而绩效方式就是决定公司员工薪酬标准的考量办法，使多劳者多得、能劳者多得，才能做到相对公平。

2. PDCA在绩效管理中的应用

PDCA循环是由美国质量管理专家戴明提出来的，所以又称为"戴明环"。PDCA的含义是：P（Plan）——计划，D（Do）——实施，C（Check）——检查，A（Action）——行动，对总结检查的结果进行处理，成功的经验加以肯定并适当推广、标准化，失败的教训加以总结，未解决的问题放到下一个PDCA循环里。以上四个过程不是运行一次就结束，而是周而复始地进行，一个循环完了，解决一些问题，未解决的问题进入下一个循环，实现阶梯式螺旋上升。PDCA循环实际上是有效进行任何一项工作的合乎逻辑的工作程序，对绩效管理尤为适用。PDCA的具体内容如图4-3所示。

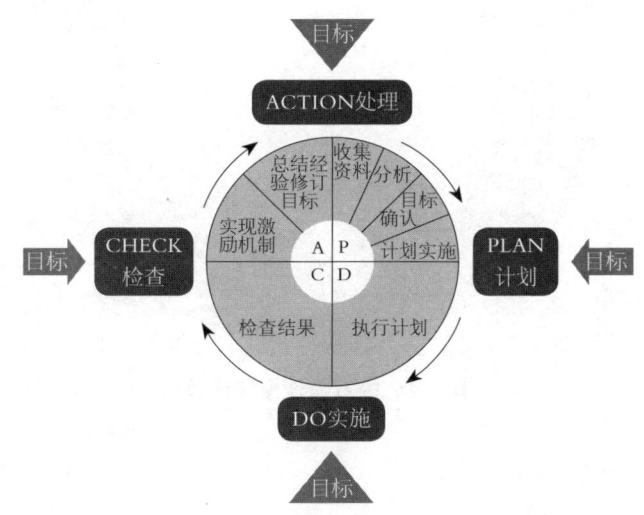

图4-3　PDCA的具体内容

以上四个环节实际上就是绩效管理的全部流程，也就是绩效管理机制运行的"轨道"。无论企业属于哪种所有制，无论你想通过绩效管理达到什么目的,只要你做绩效管理,就无法避开PDCA的四个环节。无论缺少哪一个环节,绩效管理就会出现"断档"和"死机"的问题,绩效管理环节就无法发挥它的积极职能。

3. 绩效管理的重要环节

绩效管理是一个完全闭循环的管理过程,其主要环节分为五个阶段,如图4-4所示。

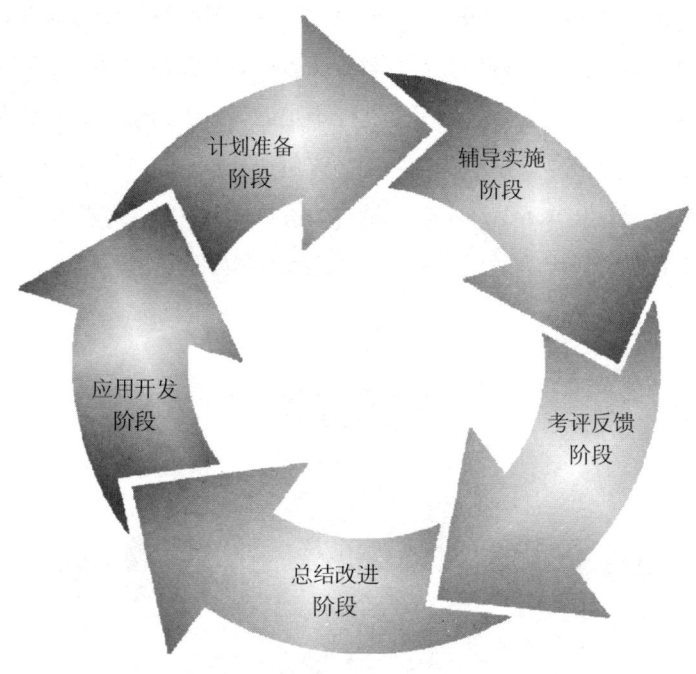

图4-4　绩效管理重要环节

4.3 员工绩效考核办法

4.3.1 目标管理考核法

1. 概念综述

目标管理法（MBO）是一种综合性的绩效管理方法，是由美国著名管理学大师彼得·德鲁克提出的。目标管理是一种领导者与下属之间的双向互动过程。彼得·德鲁克认为，只有明确了目标才能确定具体工作。目标是先于工作而产生的。组织最高层在确定了组织目标后，必须对其进行有效合理的分解，转变为各部门以及每位员工的分目标，管理者根据分目标完成情况对下级进行考核、评价、奖惩。

MBO是通过将组织的整体目标逐级分解直至个人目标，最后根据被考核人完成工作目标的情况来进行考核的一种绩效考核方式。在开始工作之前，考核人和被考核人应该对需要完成的工作内容、时间期限、考核的标准达成一致。在时间期限结束时，考核人根据被考核人的工作状况及原先制定的考核标准来进行考核。

2. 实现方式

MBO一般通过四个步骤来实现制定目标：制定目标的依据、对目标进行分类、符合SMART原则、目标须沟通一致等；实施目标；信息反馈处理；检查实施结果及奖惩。

MBO典型步骤：

（1）明确组织的整体目标和战略；

（2）在经营单位和部门之间分配主要的目标；

（3）各单位管理者和他们的上级一起设定本部门的具体目标；

（4）部门的所有成员参与设定自己的具体目标；

（5）管理者与下级共同商定如何实现目标的行动计划；

（6）实施行动计划；

（7）定期检查实现目标的进展情况，并向有关单位和个人反馈；

（8）基于绩效的奖励将促进目标的成功实现。

MBO实现方式可参见图4-5所示。

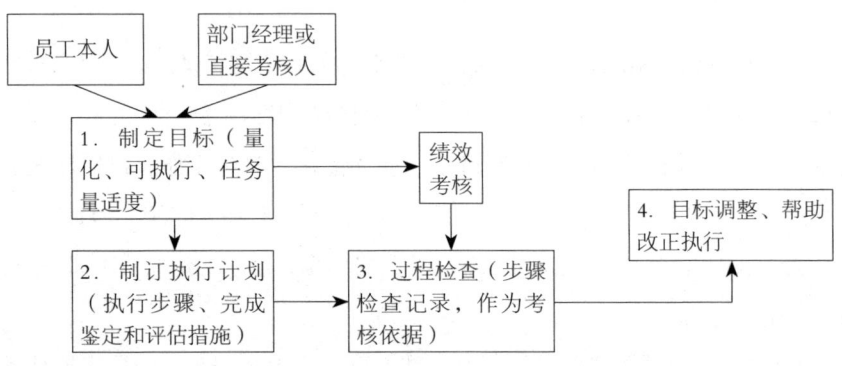

图4-5　MBO分解步骤

3. 目标管理卡模板

表4-1　目标管理卡

目标管理卡											
目标执行人			所属部门						职务		
序号	工作目标	实施计划	重要性	完成情况	时间进度				工作条件	自行检讨	考核
					月	月	月	月			
				计划							
				实施							
				计划							
				实施							
				计划							
				实施							
				计划							
				实施							

4.3.2　360°考核法

360°考核法就是指帮助一个组织的成员（主要是管理人员）从与自己发生工作关系的所有主体那里获得关于本人绩效信息反馈的过程。这些信息的来源包括：来自上级监督者的自上而下的反馈；来自下属的自下而上的反馈；来自平级同事的反馈；来自内部的本人反馈；来自企业外部的客户和供应商的反馈。当然，这种反馈通常是以匿名的形式提供的。这种绩效反馈过程与传统的绩效反馈和评价方法不同，它不是把上级的评价作为员工绩效信息的唯一来源，而是将在组织内部和外部与员工有关的所有主体（其中也包括员工本人）作为对员工绩效的不同方面提供反馈的信息来源。

对我国企业有效推行360°绩效反馈计划的建议如下。

1. 正确理解360°绩效反馈的价值

360°绩效反馈计划最重要的价值在于开发，而不是评价。360°绩效信息的反馈使员工个人形成对自己正确的全面的评价，有助于自己的职业规划，多方位、多角度的评价更具可信度，评价结果也更为可靠。

2. 将360°绩效反馈与本企业的发展战略、文化等结合起来

许多企业并没有真正了解360°新的绩效改善工具本身是一把双刃利剑，因为它对企业的文化、价值观、管理理念等有着相应的要求，比如，员工的高度参与感、在企业内部的上下级之间和同级之间存在较高程度的相互信任关系，等等。

3. 明确预期目标并且运用相应的评价指标来对其实际效果进行评价

企业在采用360°绩效反馈计划的时候必须首先清楚地界定出自己到底准备从这种绩效改善计划中想要获得什么信息，比如，员工工作行为的改善、工作绩效的好坏、员工的满意度、缺勤率、流动率、客户满意度，等等。

4. 选取正确的衡量指标

360°绩效反馈是企业支付员工薪资报酬的主要依据，是推动员工行为的重要力量。即使是在360°绩效反馈不被用于绩效评价而被严格用于开发目的的情况下，被评价人也会对自己的行为进行修正以求获得更高的评价等级。

5. 对评价者进行培训

几乎所有的360°绩效反馈工具都依赖评价的尺度。而研究表明，评价者即使是无意歪曲评价结果，也有可能在绩效反馈的过程中犯各种类型的错误，比如，宽大或严格误差、同类人误差、居中趋势误差、近因误差、晕轮误差，等等。因此，企业在执行360°绩效反馈计划的时候需要对评价者进行培训，教会他们如何填写反馈表格以及如何有意识地避免各种主观误差，从而保障评价的客观性和真实性。

6. 注重操作细节和实施步骤的推进

首先是就360°绩效反馈计划与全体管理者和员工进行细致的沟通，因为只有在评价者认同组织目标并且理解了360°绩效反馈的作用的时候，人们才会有动力正确地去使用它。其次是在大家不熟悉360°绩效反馈计划的时候，最好是先将其用于开发目的，让管理者和其他人对于这一过程感到舒服和适应之后，再将其投入使用。

4.3.3 关键绩效指标考核法

关键绩效指标（KPI）是企业总体战略目标决策经过层层分解产生的可操作性战术目标，是总体战略决策执行效果的监测指针。通常情况下，KPI是用来反映战略执行效果的,其目的是建立一种机制,将企业战略转化为内部过程和活动,以不断增强企业的核心竞争力和持续地取得高效益。KPI是用于沟通和评估被评价者绩效的定量化或行为化的标准体系。也就是说,关键绩效指标是一个标准体系,它必须是定量化的,如果难以定量化,那么也必须是行为化的。如果定量化和行为化这两个特征都无法满足,就不是符合要求的关键绩效指标。

1. KPI设计原则

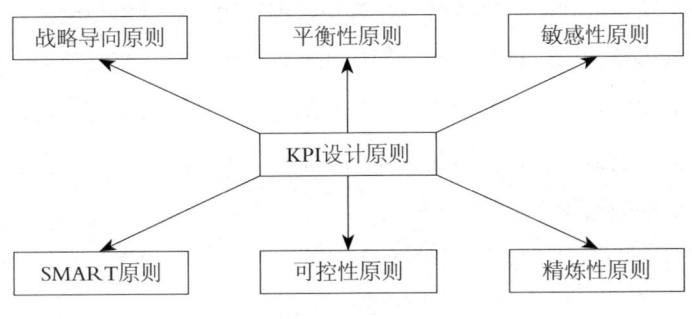

图4-6　KPI设计原则

2. KPI与一般绩效考核体系优势对比

表4-2　KPI优势比较表

	战略导向的KPI体系	一般绩效考核体系
考核的目的	以战略为中心,指标体系的设计与运用都是为战略服务的	以控制为中心,指标体系的设计和运用来源于控制的意图,也是为了更好地控制个人的行为
指标的产生	在组织内部自上而下对战略目标进行分解产生	通常是自下而上根据个人以往的绩效与目标产生的
指标的来源	来源于组织战略目标与竞争需要	来源于特定的程序,即对过去行为与绩效的修正
指标的构成及作用	通过财务与非财务指标相结合,体现关注短期效益、兼顾长期发展的原则;指标本身不仅传达了结果,而且传递了产生结果的过程	以财务指标为主,非财务指标为辅,注重对过去绩效的评价,且指导绩效改进的出发点是过去存在的问题,绩效改进行动与战略需要脱钩

KPI对绩效管理的最大贡献，是指出企业业绩指标的设置必须与企业的战略挂钩，其"关键"两字的含义即是指在某一阶段一个企业战略上要解决的最主要的问题。KPI就是根据业务部门的关键绩效指标自上而下进行指标分解到各个部门及个人。

4.3.4 平衡计分卡考核法

平衡计分卡（BSC）是从财务、客户、内部运营、学习与成长四个维度，将组织的战略落实为可操作的衡量指标和目标值的一种新型绩效管理体系。设计平衡计分卡的目的就是要建立"实现战略指导"的绩效管理系统，从而保证企业战略得到有效的执行。因此，人们通常称平衡计分卡是加强企业战略执行力的最有效的战略管理工具。

平衡计分卡的四个维度可详见图4-7所示。

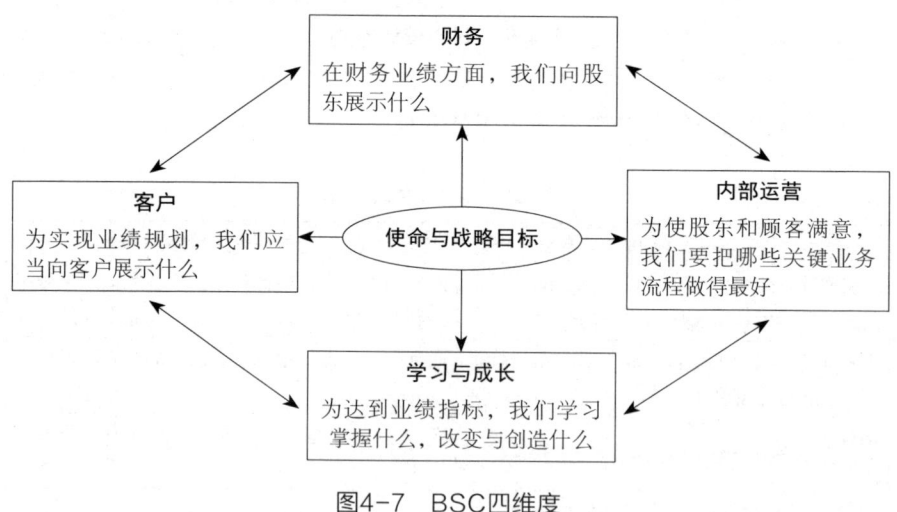

图4-7　BSC四维度

1. 财务层面

财务性指标是一般企业常用于绩效考核的传统指标。财务性绩效指标可显示出企业的战略及其实施和执行是否正在为最终经营结果（如利润）的改善做出贡献，评估是不是所有的长期策略都能很快产生短期的财务盈利。非财务性绩效指标（如质量、生产时间、生产率和新产品等）的改善和提高是实现目的的手段，而不是目的本身。财务性指标衡量的主要内容：收入的增长、收入的结构、降低成本、提高生产率、资产的利用和投资战略等。

财务业绩指标可以显示企业的战略及其实施和执行是否对改善企业盈利做出实质性的贡献。财务目标通常与获利能力有关，其衡量指标包括：营业收入、资本报酬率、经济增加值等，也可能是销售额的迅速提高或创造现金流量。

2. 客户层面

想要做好客户层面的工作，首先要知道客户对我们的要求是什么。客户指标本身既是形成未来财务绩效的动因，又是组织内部的业务经营过程因素驱动的结果。因此我们要站在客户的角度去考虑问题，站在客户的立场上看待企业的经营活动。

客户指标可以划分为5类，见图4-8所示。

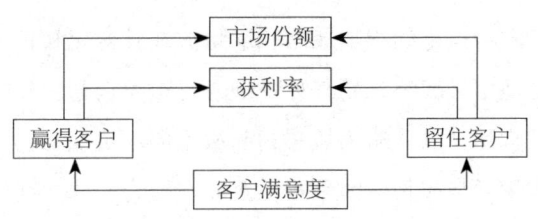

图4-8　客户指标分类

在具体设定客户指标的时候，要参照企业提供给顾客的价值定位和目标设计构面。不同的价值定位决定了不同的差异化因素，也决定了顾客构面的关键性绩效领域。此外，企业在确定了价值定位的同时，也确定了企业的目标客户。企业应以目标客户为焦点来做绩效考核。在涉及客户构面上，企业可以根据竞争的差异化因素以及基本要求来确定客户指标。

3. 内部运营层面

内部运作流程视角：其目标是解决"我们擅长什么？"这一类问题，报告企业内部效率，关注导致企业整体绩效更好的过程、决策和行动，特别是对顾客满意度有重要影响的企业过程，如生产率、生产周期、成本、合格品率、新品开发速度、出勤率等。

内部业务维度着眼于企业的核心竞争力，因此，企业应当甄选出那些对客户满意度有最大影响的业务程序，明确自身的核心竞争能力，并把它们转化成具体的测评指标，内部过程是公司改善经营业绩的重点。

4. 学习与成长层面

学习与成长层面主要目标是解决"我们是在进步吗？"这一类问题，关注员工士气、员工满意度、平均培训时间、再培训投资和关键员工流失率等。

企业只有持续提高员工的技术素质和管理素质，才能不断地开发新产品，为客户创造更多价值并提高经营效率，企业才能打入新市场，增加红利和股东价值。

平衡计分卡的特点是始终把战略和愿景放在其变化和管理过程中的核心地位。通过清楚地定义战略，始终如一地进行组织沟通，并将其与变化驱动因素联系起来，构建"以战略为核心的开放型闭环组织结构"，使财务、客户、内部运营和学习与成长四因素互动互联、融为一体。利用平衡计分卡，我们就可以测量自己的公司如何为当前以及未来的顾客创造价值了。在保持对财务业绩关注的同时，它清楚地表明了卓越而长期的价值和竞争业绩的驱动因素。

实际上，平衡计分卡方法打破了传统的只注重财务指标的业绩管理方法。

平衡计分卡认为，传统的财务会计模式只能衡量过去发生的事情（落后的结果因素），但无法评估组织前瞻性的投资（领先的驱动因素）。在工业时代，注重财务指标的管理方法还是有效的；但在信息社会里，传统的业绩管理方法并不全面，组织必须通过在客户、供应商、员工、组织流程、技术和革新等方面的投资，获得持续发展的动力。

4.4 不同岗位的绩效考核设计

4.4.1 绩效考核概述

1. 绩效考核体系概念

绩效考核体系是由一组既独立又相互关联并能较完整地表达评价要求的考核指标组成的评价系统。绩效考核体系的建立，有利于评价员工的工作状况，是进行员工考核工作的基础，也是保证考核结果准确、合理的重要因素。考核指标是能够反映业绩目标完成情况、工作态度、能力等级的数据，是绩效考核体系的基本单位。

2. 绩效考核体系的构成

绩效考核体系是组织内部团队及个人有关考核事项的说明。绩效考核体系的建立，有利于评价员工的工作状况，是进行绩效管理的基础，也是绩效考核得以推进的保证。绩效考核体系由绩效考核周期、绩效考核内容、绩效考核者和绩效被考核者四个方面组成。绩效考核周期指的是多长时间进行一次考核，绩效考核内容指的是在哪些方面进行考核，绩效考核者指的是由谁进行考核，绩效被考核者指的是对谁进行考核。构建绩效考核体系就是明确由谁负责、对谁考核、在哪些方面进行考核、多长时间进行一次考核等方面的制度规定。

（1）绩效考核周期

绩效考核周期指的是多长时间进行一次绩效考核。考核周期有固定时间间隔和非固定时间间隔。固定时间间隔一般有月度考核、季度考核、年度考核，甚至周考核、日考核；非固定时间间隔一般是指一个任务或项目完成后进行的考核，如果这个任务或项目时间跨度比较大，那么可以以时间为单位把这个任务或项目划分为几个阶段，中间进行阶段考核。

（2）绩效考核内容

签订目标责任的团队负责人年度绩效考核一般以目标责任为主，同时考虑满意度、综合测评等因素。没有签订目标责任的团队负责人年度绩效考核一般以阶段考核结果计算，同时考虑满意度、综合测评等因素。对于普通员工的阶段绩效考核一般以关键业绩为主，可以同时考虑能力素质因素。普通员工年度绩效考核可以根据阶段绩效考核结果确定。

具体考核内容如下。

①业绩考核：通过设定关键业绩指标，定期衡量各岗位员工重要工作的完成情况。此类考核主要在管理人员中进行，其中，部门经理在季度考核和年度考核的指标是不同的。经理以下其他管理人员只需在年度进行考核。业绩指标分为硬指标（定量指标）与软指标（定性指标）两类。

②计划考核：即计划完成情况的考核，在每个月度和季度动态衡量岗位员工的努力程度和工作效果；在部门经理的考核中，季度和年度计划完成情况的考核又称为"部业绩考核"。

③能力态度考核：衡量各岗位员工完成本职工作具备的各项能力、对待工作的态度、思想意识和工作作风，每年度进行一次。

④部门满意度考核：主要考核公司各部门在日常工作中的配合和协调情况与效果，每季度进行一次。

（3）绩效考核者

绩效考核者是指由谁负责进行绩效考核。关键业绩考核一般采用自上而下考核法，而满意度测评、能力素质考核一般可以采用360°考核法。

（4）绩效被考核者

绩效被考核者是绩效考核的主体，明确划分绩效被考核者是建立绩效管理体系的第一步，一般将绩效被考核者分为团队考核和个人考核两大类。团队考核可以是对公司整体、分（子）公司、事业部、职能部门、业务部门、项目部、生产厂等的考核。如果公司实行矩阵式管理，则项目团队一般作为整体来考核。个人考核可以是对总经理、副总经理、部门经理、部门主管、部门员工等的考核。

3. 绩效考核的原则

（1）以提高员工绩效为导向

绩效考核体系以提高员工绩效、促进企业发展为目标，绩效考核体系是辅助这一目标实现的，无论如何，都不能偏离这一目标。

（2）循环改进的原则

绩效考核体系注重循环改进，即绩效考核本身不是目标，而是为了促进企业目标的实现、工作方法的不断改进及工作能力的进一步提升，这也是绩效考核体系所促进的企业管理的良性循环。

（3）多角度考核

绩效考核体系注重多角度，从不同层面、不同方向上考核员工的工作能力，同时考核的等级之间应当有鲜明的差别界限，针对不同的考评评语在工资、晋升、使用等方面应体现明显差别，使考评带有刺激性，鼓励职工的上进心。

（4）公平、公正、公开

真正能够长期执行、得到员工认同并发挥激励作用的绩效考核体系必然是公开、公平、公正的，有失这一原则的绩效考核体系小则会导致绩效考核的失效，大则会导致企业发展的偏颇，影响企业的经济效益。因此，人事考评应当根据明确规定的考评标准，针对客观考评资料进行评价，尽量避免渗入主观性和感情色彩。

（5）绩效考核原则示意图

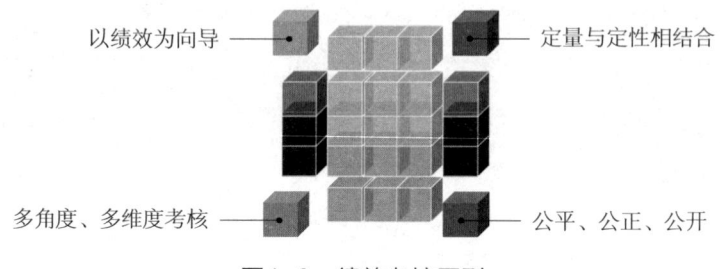

图4-9　绩效考核原则

4．绩效考核的目的

（1）建立全员参与、全员负责、一级对一级负责的管理模式。

（2）促进上下级沟通和各部门间的相互协作。

（3）规范作业流程，提高相关部门或负责人的整体管理水平。

（4）客观评价员工的工作绩效、态度和能力，帮助员工提升自身工作水平，从而有效提升企业的整体绩效。

（5）促进员工逐步形成"客户至上"的服务意识。

5．绩效考核的用途

（1）薪酬分配

对于绩效不良的员工，要降低绩效工资，以督促其尽快改善；对于绩效优秀的员工，根据标准进行合理的调整。绩效结果运用于薪资调整能起到提高内部公平感的作用。

（2）职务调整

对于连续考核优秀的员工，要予以晋升；对于连续绩效不良的员工，要予以降级或调岗。

（3）奖金分配

奖金分配的形势多种多样，但由于很多企业没有客观的绩效考核标准，因此导致了内部矛盾增加，严重的还导致员工离职。如果有公开透明的标准，员工就能算出自己该拿多少奖金，这样矛盾会大大减少。

（4）员工培训

管理者可根据员工绩效考核结果及相关记录，发现员工与岗位工作标准的差距，进行培训需求分析，进而判断是否需要培训、需要哪方面的培训。

（5）员工职业规划

企业在实现战略目标的同时，员工也在实现自己的职业目标。通过绩效考核结果的运用，企业可以使员工的职业生涯实现有序发展。而员工职业生涯的发展，也促进了企业的发展，可以说是相辅相成、相得益彰的。

4.4.2 管理人员绩效考核设计

管理人员一般在企业主要承担经营和管理的职责，管理人员的绩效管理直接影响企业的运营。做得好，企业高效运转，全体工作人员受益；做得不好，企业效益势必会受损失。因此，管理人员的绩效管理，原则上应该抓住关键岗位和关键指标。

1. 管理人员的职责

企业管理过程中，明确岗位职责是确保工作有序开展的重要前提，同时也是企业管理规范化的重要内容。非规范的和模糊的职责范围，严重制约了工作效率的提高和员工潜能的充分发挥。

职责管理正是通过对企业内部职责的划分、明确定义职责、指定职责的负责人，通过职责负责人进行任务分派，通过信息和短信等方式及时通知，使得企业内部职责范畴的事务得到统一规划和监督管理，有效地解决了企业职责不明确、做事推脱和效率低下的问题。在实际应用中，职责管理体现了职责分配明确的工作模式，全方位做好岗位的职责管理工作，最大限度地激发员工的工作积极性与主动性，切实提高了工作效率。

职责体现在如下方面。

（1）事先的责任对话、建立约定、表达期望。

（2）沟通交流，确定公司各事业部的任务。

（3）按照任务给各部门分配资源，并及时评估。

（4）批准各部门的计划、预算和主要投资。

（5）考核各部门的工作完成情况。

（6）权、责、利的统一。

2. 管理人员绩效管理关键因素及意义

（1）因素

①对公司战略目标的分解并随公司的不断演化而不断更正。

②能有效反映关键业绩驱动因素的衡量参数。

③对关键重点经营行动的反映，而不是对所有操作过程的反映。

④由高层领导确定并被考核者认同的。

（2）意义

①能使高层领导清晰地了解对公司价值最关键的经营操作的情况。

②使管理者能及时地诊断经营中出现的问题并根据解决方案采取有效措施。

③有利于推动公司战略的执行。

④为业绩管理和上下级的沟通提供一个客观基础。

⑤使经营管理者集中精力于对业绩有最大驱动力的经营活动中。

3. 管理代表人岗位责任说明书

表4-3 管理代表人岗位责任说明书

基本信息	职位名称	管理者代表	职位编号	
	直接下属	生产副总、各部门经理	直接上级	总经理
岗位性质	管理岗位			
职位概述	代表公司，代表最高管理者负责与质量管理体系有关事宜的对外联络			
岗位职责	1. 协助总经理领导公司建立、实施和保持质量管理体系；确保质量管理体系过程得到建立和保持；在整个企业内促进顾客质量要求意见的形成；负责与质量管理体系有关的外部联络			
	2. 负责体系文件控制，审核质量手册、质量方针、目标；指导各部门负责人对相关文件的使用、保管、收集、整理与归档；负责对现有体系文件定期评审			
	3. 审查各部门编制的质量记录在案格式并审批；负责监督、管理各部门的质量记录；指导各部门对质量记录进行整理和保管			
	4. 向总经理报告质量管理体系的运行情况，提出改进建议；制订管理评审计划、提供管理评审所需的资料，编写管理评审报告，协助、协调、监督实施管理评审中相关纠正、预防措施			
	5. 审查各有关部门编制的质量计划；指导品质部负责对部门质量策划实施情况进行监督检查；协助、协调各部门负责人对相关的质量策划及编制、实施相应的质量计划			
	6. 负责测量、监控设备的校准，根据需要编制内部校准规程；对偏离校准状态的测量、监控设备追踪处理；对测量和监控设备操作人员的培训、考核			
	7. 协助总经理定期召开管理评审会议；全面负责内部质量管理体系审核工作；选定审核组长及审核员，并审核年度内审计划、审核实施计划、审核报告			
	8. 指导办公室编写《年度内审计划》并负责组织实施；组织、协调内审活动的开展；指导审核组长编写内部审核报告；对内审或管理评审提出的纠正预防措施进行指导、跟踪、监督、验证			
	9. 指导品质部对不合格品识别，跟踪不合格品处理结果；协助生产主管对不合格品做处理决定；指导生产部负责对不合格品采取纠正措施			
	10. 指导办公室对内、外相关数据的传递与分析、处理；指导品质部及各部门对统计技术的选用、批准、组织培训及检查统计技术实施的效果；协调各种相关数据的收集、传递、交流			
	11. 负责对体系、产品持续改进的策划，对不合格问题提出相应措施的纠正和预防措施处理意见书；协调各部门实施相应的改进、纠正和预防措施；负责监督、协调改进、纠正和预防措施实施，并跟踪验证实施的效果；指导相关部门有效处理顾客质量方面的意见			
	12. 负责对外联络；审核提供相关数据的传递与分析、处理；指导品质部及各部门对统计技术的选用、批准、组织培训及检查统计技术实施的效果；协调各种相关数据的收集、传递、交流			

续表

岗位要求	1. 大学本科以上文化程度，企业营销管理知识
	2. 热爱公司，具有德、勤、能、诚的品德
	3. 能运用自己的专业知识了解下属管理能力和专业技术；协调生产、技术、品质部工作，保证生产计划和质量目标的实现；督导人力资源部做好各项人事管理工作；优秀的团队合作精神
	4. 语言要求：英语，普通话标准（良好的语言表达能力）；计算机要求掌握常用办公软件；工作经验及专业资格证2年以上企业管理经验；熟悉企业技术、质量、生产、经营等管理工作，有高度的质量意识，了解客户的需求
职权范围	1. 权利项目：主要内容
	2. 核准权：对三、四级文件及各项表单核准
	3. 审核权：对公司二级文件进行审核
	4. 制定权：根据工作需要可以制定二、三、四文件及相关管理办法
	5. 修改权：对涉及本部门的规章制度/文件可进行必要的修正
	6. 考核权：对本部门人员进行绩效考核，对生产、品质进行质量督导考核
	7. 解释权：对本部门制定的各种规定和工作流程持有解释权

4．管理人员绩效考核表

表4-3 管理人员绩效考核表

被考核人		职务		部门		考核人	
评价尺度及分数		优秀（10分）、良好（8分）、一般（6分）、较差（4分）、极差（2分）			评分	本栏均分	权重系数
工作绩效	1. 工作达成度	与年度目标或与期望值比较，工作达成与目标或标准的差距，同时应考虑工作客观难度					4
	2. 工作品质	仅考虑工作的品质，与期望值比较，工作过程、结果的符合程度（准确性、反复率等）					
	3. 工作速度	仅考虑工作的速度，完成工作的迅速性、时效性，有无浪费时间或拖拉现象					
	4. 工作量	仅考虑完成工作数量，职责内工作、上级交办工作及自主性工作完成的总量					

续表

工作能力	5. 计划性	工作事前计划程度，对工作（内容、时间、数量、程序）安排分配的合理性、有效性		3
	6. 协调沟通	与各方面关系协调，化解矛盾，说服他人，以及人际交往的能力		
	7. 应变力	应对变化，采取措施或行动的主动性、有效性及工作中对上级的依赖程度		
	8. 指导控制力	对本部门或下属的激励、指导、培训情况，对本部门的管理控制情况		
	9. 周全缜密	工作认真细致及深入程度，考虑问题的全面性、遗漏率		
	10. 人才培养	对人才的重视程度及对储备人才的培养情况		
	11. 职务技能	对担任职务相关知识的掌握、运用，工作熟练程度		
工作态度	12. 协作力	人际关系，团队精神及与他人（部门）工作配合情况		3
	13. 以身作则	表率作用如何，严格要求自己与否，遵守制度纪律情况		
	14. 工作态度	工作自觉性、积极性；对工作的投入程度，进取精神、勤奋程度、责任心等		
	15. 执行力	对上级指示、决议、计划的执行程度及执行中对下级检查跟进程度		
	16. 品德言行	是否做到廉洁、诚信，是否具有职业道德		
评价得分	Ⅰ（1~4项平均分）×4+（5~11项平均分）×3+（12~16项平均分）×3=____分			
出勤及奖惩	Ⅱ出勤：迟到、早退____次×0.5+旷工____天×2+事假____天×0.4+病假____天×0.2=____分			
	Ⅲ处罚：警告____次×1+小过____次×3+大过____次×9=____分			
	Ⅳ奖励：表扬____次×1+小功____次×3+大功____次×9=____分			
总分	Ⅰ____分-Ⅱ____分-Ⅲ____分+Ⅳ____分=____分			
评价等级	□A. 90分以上　□B. 70~89分 □C. 40~69分　□D. 40分以下			

续表

上级评语及工作改进建议	

4.4.3 销售人员绩效考核设计

1. 考核原则

（1）业绩考核（定量）+行为考核（定性）。

（2）定量做到严格以公司收入业绩为标准，定性做到公平、客观。

（3）考核结果与员工收入挂钩。

2. 考核标准

（1）销售人员业绩考核标准为公司当月的营业收入指标和目标，公司将会每季度调整一次。

（2）销售人员行为考核标准。

①执行、遵守公司各项工作制度、考勤制度、保密制度和公司规定的其他行为表现。

②履行本部门工作的行为表现。

③完成工作任务的行为表现。

④遵守国家法律法规、社会公德的行为表现。

⑤其他。

其中：采取计分制，当月行为表现合格者为0.6分以上，行为表现良好者为0.8分以上，行为表现优秀者为满分1分。如当月能有少数突出表现者，则突出表现者可以最高加到1.2分。

如当月有触犯国家法律法规、严重违反公司规定、发生工作事故、发生工作严重失误者，则行为考核分数一律为0分。

3. 内容与指标

（1）销售经理岗位责任说明书

表4-5　销售经理岗位责任说明书

基本信息	职位名称	销售部经理	职位编号	
	直接上级	分管副总经理	直接下级	储运科长、市场部科长、售后服务部科长
岗位性质	全面主持本部门的管理工作			
管理权限	全面主持销售工作的指导、指挥、协调、监督管理的权力，并承担执行公司规程及工作指令的责任			
管理职责	对职责范围内的工作负全责			
岗位职责	1. 在分管副总经理的领导下，负责主持本部的全面工作，组织并督促部门人员全面完成本部职责范围的各项工作 2. 贯彻落实本部岗位责任制和工作标准，密切与生产、人事、计划、财务、质量等部门的工作联系，加强与有关部门的协作配合 3. 组织制定产品销售、入库、出库、在仓保管制度；明确销售工作标准，建立健全销售管理网络，认真做好协调、指导、调查、检查、考核工作 4. 负责编制销售计划，签订订货合同，确保销售计划指标完成，节约销售费用，及时回笼资金，加速公司资金周转 5. 认真办理产品出入库手续，定期进行清仓盘点工作和安全消防工作 6. 负责编制销售统计报表；做好销售统计核算基础管理工作，建立规范各种原始记录、统计台账、报表的核算程序，汇总销售报表 7. 负责驻外分公司、营销网点销售调度及运输工作；及时汇总编制产品需求量计划，合理平衡产品供货，做好对外销售点联络工作，组织产品的运输调配，完善发接过程的交接手续 8. 负责抓好市场调查、分析和预测工作；做好市场信息的收集、整理和反馈，掌握市场动态，积极、适时、合理、有效地开辟新的营销网点，积极扩展业务渠道，扩大公司产品的市场占有率 9. 负责做好优质服务、售后服务工作 10. 负责抓好营销人员的考核、考评与管理教育工作；关心营销人员的生活及思想动态，做好耐心细致的思想教育工作，杜绝经济犯罪事件的发生 11. 有权向主管领导提议下属科长、经理人选，对其工作考核评价 12. 按时完成工作领导交办的其他工作任务			

续表

岗位要求	1. 具有大专以上文化程度和营销专业知识
	2. 有较强的综合协调能力和组织管理能力
	3. 热爱公司，坚持原则，廉洁奉公
	4. 有较强的工作责任感和事业心，虚心好学，积极进取
参加会议	1. 参加公司总结会，计划平衡协调会及其他有关会议
	2. 参加公司每月、季度的经济活动分析会、营销计划会、考核评比会
	3. 参加公司开展的部门业务协调会、专题分析会等
	4. 参加本部门开展的营销工作会议

（2）销售经理考核表

表4-6　销售经理考核表

考核面	考核项目	考核标准	各项分值	考核得分
业务综合能力（55分）	工作执行力（35）	1. 日常行政管理，下达销售任务	5	
		2. 及时了解有关的市场信息，将市场变化反馈给公司，并根据市场变化，及时调整销售策略	4	
		3. 负责渠道人员的培养	4	
		4. 负责业务执行的督导	4	
		5. 负责销售计划的执行	4	
		6. 与公司各部门及合作商做好协调工作	3	
		7. 解决销售的突发事件	3	
		8. 按公司要求完成相关报表	3	
		9. 完成销售额度（当年任务目标的75%）	5	
	工作能力（5）	1. 丰富的专业知识，并良好地运用在平常的工作当中	2	
		2. 对本职工作有计划性、条理性，做到程序不乱，井井有条	3	
	工作态度（15）	1. 与同事之间协调配合完成任务，不互相推诿责任	3	
		2. 分享好的经验，不搞技术保留，能对部门和公司提出合理化建议	4	
		3. 服从上级工作安排，且能维护公司形象，不做有损公司利益的事	5	
		4. 按时参加公司组织的会议和培训，且认真做好记录，制订个人工作计划	3	

续表

考核面	考核项目	考核标准	各项分值	考核得分
管理能力（45分）	遵守规章制度（10）	1. 始终保持良好的个人形象，言行举止得体	2	
		2. 严格遵守公司的考勤制度，无迟到、早退现象	3	
		3. 保持个人工作区域的整洁，及时整理办公桌	2	
		4. 无违反公司其他行政规定的行为	3	
	人员管理（15）	1. 公私分明，严于律己，能在部门中起到表率作用	7	
		2. 善于组织协调，能抓大放小，调动积极性，帮助下属完成个人工作目标	8	
	沟通能力（10）	1. 能有效地传授工作知识、技能，并引导下属完成工作任务	3	
		2. 能顺利地处理好上下级、同级间及部门间的业务关系和人事协调	4	
		3. 对表现优秀的下属及时表扬和鼓励，对需要改进的下属及时指出并指导	3	
	创新能力（10）	1. 对新事物、新环境、新观念有敏锐的接受能力	3	
		2. 具有丰富的想象力，工作的结果超出上级的预期	3	
		3. 有较强的创新能力，在公司允许的范围内敢于创新，开拓完成工作目标的新方式	4	
上级评语及改进建议				

4.4.4 技术人员绩效考核设计

1. 技术人员的职责

（1）保证本岗位编制、保管的各种技术文件、资料的质量，并对由技术指导差错引起的质量事故负责。

（2）制定关键工序、重要特性及特种工艺的质量控制程序，制定重要特性工序的质量控制点，对关键工序进行技术指导。

（3）负责检查工艺的执行情况。

2. 考核目的

通过对员工工作成绩、工作能力、工作努力程度进行正确评估，积极利用调动、晋升、调配、薪资调整及教育培训等人事管理手段，提高员工的工作能力、工作技能及工作积极性，从而促进企业的发展。

3. 考核内容与指标

（1）技术经理岗位责任说明书

表4-7　技术经理岗位责任说明书

基本信息	职位名称	技术部经理	职位编号	
	直接上级	分管副经理	直接下级	技术科科长
岗位性质	负责主持本部的技术管理工作			
管理权限	行使公司技术引进、新产品开发研究、新技术推广应用、技术标准制定、技术指导与监督、协调、管理的权力，并承担执行公司规程及工作指令的义务			
管理责任	对其分管的工作全面负责			
岗位职责	1. 负责制定本部门人员岗位职责，考评员工的工作业绩并据实提出奖罚意见 2. 及时指导、处理、协调和解决生产过程中出现的技术问题，确保生产工作的正常进行 3. 合理编制技术文件，改进和规范工艺流程 4. 负责公司技术管理制度制定、监督、指导以及对专业技术人员的考核 5. 根据公司的经营管理目标和任务，统筹本部门的工作安排，制订工作计划，组织技术力量解决工艺技术问题、技术管理问题，建立技术管理制度，就重大技术事项向公司领导提出决策建议 6. 主持技术部例会，制订技术部各项工作计划 7. 参与技术谈判和对外技术交流 8. 根据工作需要和专业技术状况，调配下级人员工作 9. 及时了解技术部工作情况及相关数据，做出相应的工作安排			
岗位要求	1. 具有大专以上文化程度、较全面的专业水平和技术管理知识 2. 热爱公司，具备较强的技术业务能力和相当的工作协调能力 3. 虚心好学，积极进取，有较强的工作责任心和事业心 4. 技术上不自满、不保守，易于接受新技术，勇于开展技术革新和创新			

续表

权责范围	1. 对分管工作具有决定权
	2. 对部内业务工作或技术问题处理上发生的任何争执意见有决策权
	3. 有权对下属的任免、调薪进行提议
	4. 有权代表公司签订技术协作合同和参加有关部门召集的技术会议
	5. 有权处理公司领导交办的其他事务

（2）技术人员岗位责任说明书

表4-8 技术人员岗位责任说明书

基本信息	职位名称	技术人员	职位编号	
	直接上级	项目经理	所在部门	技术部
岗位性质	主要负责对项目工程施工技术工作全面管理			
岗位责任	对所承担的工作全面负责			
岗位职责	1. 履行公司对业主的工程承包合同，贯彻公司质量目标，实现工程质量目标，对本项目的技术管理负责			
	2. 负责施工方案和施工组织设计的编制。负责施工现场的工程施工技术工作，研究掌握施工图纸，核对预算书，对不符合项及时向公司有关部门反映			
	3. 参与工程项目管理机构，明确查出不合格项，及时向项目负责人提出纠正措施			
	4. 负责组织施工图纸内部会审工作，将不利于施工的因素提前列出，综合考虑施工成本的投入			
	5. 督促、协助项目技术质量管理人员做好生产过程中的各项原始记录，保证资料的完整性、准确性和可追溯性			
	6. 负责组织竣工验收工作，编写竣工验收报告，参加工程竣工验收			
	7. 接受公司内部质量审核，对检查出的不合格项，及时组织采取纠正措施			
	8. 协助项目经理做好对项目部、施工队各上岗人员的管理、技术指导工作			
	9. 组织、指导质检员编制工程施工质量控制计划，检查处理工程中出现的技术质量问题，提出处理意见及措施，对工程施工质量进行把关			
	10. 参与公司投标的工程技术标的编制			
任职资格	1. 中专以上学历，5年以上工作经验的；持有二级建造师证书，工作经验满3年的			
	2. 有效的岗位资格证书累计达3个及以上（包括助理工程师）；工程师证书；二级建造师证书			
	3. 熟悉建筑行业相关知识；掌握工程管理和施工管理知识；了解建筑相关法律法规；有良好的组织协调能力、计划能力和领导能力；良好的成本意识和风险意识			

（3）技术经理考核表

表4-9　技术经理考核表

考核项目	对考核期间工作成绩的评价及要点				权重%	评分	
	工作指标	评价标准	实际数	完成率		自评分	主管评分
考核指标	投诉处理不合格	0次			30		
	生产技术服务供给及时性	100%					
	质量事故	0次					
	配方成本优化	100%					
	新样品研发合格率	100%					
部门工作	新产品需求开发任务完成的准确、及时性；技术资料、标准管理的规范、完整性；部门相应的表单、公文审批、传达的时效性；有效执行企业相关质量、环境体系程序，能有效保证经营发展所需的技术力量及资源				30		
协作工作	积极开展与其他部门的沟通协调工作，与采购、品质部门共同选择优质供应商客户，加强与生产、销售及财务部门合作，将成本控制到最低，做好生产的技术指导及售后服务工作等				20		
上级交办工作	董事长、总经理、企管部、办公室根据公司经营情况安排的临时工作，各项会议指标的落实工作、各项活动落实工作、工作报告、公司重大决策执行及人事调整等工作的完成情况				10		
日常制度	遵章守纪和原则性，关心他人，团结协作，热爱集体，尊重领导，配合工作，保守公司机密，维护公司利益，无迟到、早退、旷工，不乱请假，在公司没有不良记录，无警告、记过处分				10		
特殊贡献	贡献事项：						
综合得分					100		
总得分							
企管部审批意见							
总经理审批意见							

续表

备注:被考核人在每月25日前自评分后交部门主管评分,由企管部审核后交总经理审批;考核以80分为及格,80分以下每分扣除100元;90分以上每分奖励100元;考核人自填贡献事项说明由主管评估,经企管部审核后由总经理给予评分,为最后加分

(4) 技术人员考核表

表4-10 技术人员考核表

岗位名称		姓名		考核日期	
项目及考核内容			评分	自评	上级审核
工作任务30%	能时时跟进、追踪工作,提前完成任务		30		
	能跟踪,按期完成任务		25~29		
	在监督下能完成任务		15~24		
	在指导下,偶尔不能完成任务		<15		
工作质量20%	出色、准确,无任何差错		20		
	完成任务质量尚好,但还可以再加强		15~19		
	工作疏忽,偶有小差错		10~14		
	工作质量不佳,常有差错		<10		
工作技能10%	具有极丰富的专业技能,能充分完成本身职责		10		
	有相当的专业技能,足以应付本身工作		8~9		
	专业技能一般,但对完成任务尚无障碍		7		
	技能程度稍感不足,执行职务常需请教他人		5~6		
	对工作必需技能不熟悉,日常工作难以完成		<5		
工作态度与责任感15%	任劳任怨,竭尽所能完成任务		15		
	工作努力,主动,能较好完成分内工作		13~14		
	有责任心,能自动自发		10~12		
	交付工作需要督促方能完成		7~9		
	敷衍了事,无责任心,做事粗心大意		<7		

续表

协调性 15%	与人协调无间,为工作顺利完成尽最大努力	15	
	爱护团体,常协助别人	13~14	
	不拒绝他人要求,帮助别人	10~12	
	仅在必须与人协调的工作上与人合作	7~9	
	精神散漫,不肯与别人合作	<7	
纪律性 10%	自觉遵守和维护公司各项规章制度	10	
	能遵守公司规章制度,但需要有人督导	8~9	
	偶有迟到,但上班后工作兢兢业业	7	
	纪律观念不强,偶尔违反公司规章制度	5~6	
	经常违反公司制度,被指正时态度傲慢	<5	
备注:关于"工作任务"这个项目,必须另附上工作计划及工作总结供参考和审核			
考核人签字		人力资源部门签字	考核日期
上级评语及工作改进建议			

4.4.5 职能人员绩效考核设计

1. 职能人员确定职责

(1)根据工作任务的需要确立工作岗位名称及其数量;

(2)根据岗位工种确定岗位职务范围;

(3)根据工种性质确定岗位使用的设备、工具、工作质量和效率；

(4)明确岗位环境和确定岗位任职资格；

(5)确定各个岗位之间的相互关系；

(6)根据岗位的性质明确实现岗位的目标与责任。

2. 职能人员考核方向

(1)执行力

职能部门人员往往起着承上启下的作用，执行力是其关键。这一方面应该由它的直接上级领导（部门）来打分，领导对被考核者工作的达成状况最清楚，围绕着执行力，根据企业的特点，可以细分，如执行质量、速度等。以人力资源部门为例，其执行力主要体现在公司既有制度、企业文化等方面的培训、宣传、贯彻，又体现在对下级部门人才的招聘、薪酬核算的及时性等。这一维度占被考核者绩效的40%左右。

(2)协调能力

具体指平行部门之间工作的相互配合、协调，譬如人力资源部门与财务部、行政部、业务部等部门之间的配合情况。这一方面由相关平行部门的同级别人员对被考核者进行打分，他们在工作中接触最多，最了解对方在具体工作上的配合、协调方面的能力。这一维度占被考核者绩效的25%左右。

(3)服务能力

很长一段时间来，人们理解的服务只限于对（外）客户的服务。事实上，我们认为，企业应树立职能部门、二线为一线服务的意识，同时应不断提升这方面的能力。比如，营销部门的活动策划等费用，需要财务部门予以支持，财务部门是不是能够及时服务好？一线人员需要达成业绩，很多方面需要得到职能部门的支持，应将职能部门人员绩效的具体考核与之对应起来，由职能部门服务的对象（一线部门人员）直接来打分。换言之，就是他们的服务态度、能力决定了他们自己的收入，依据由服务对象提供，那么他们的积极性肯定会有很好的提升。这一维度占其绩效的35%左右。

3．考核原则

（1）考核指标要具体、明确；（能量化的指标尽量量化，不能量化的尽量细化，不能细化的尽量流程化）

（2）提高指标质量，增加工作难度；

（3）与企业战略目标和业务部门指标有效配合。

4．业绩指标关键因素

（1）时间：职能部门完成工作是否及时。

（2）工作质量：职能部门各主要工作的质量如何。

（3）成本：职能部门完成主要工作时间的费用支出是否合理。

5．考核内容和指标

（1）职能人员岗位责任说明书（以行政部为例）

表4-11　行政人员岗位责任说明书

基本信息	职位名称	行政专员	职位编号	
	直接上级	行政人事部长	所在部门	行政人事部
岗位描述	负责公司文档、信息保密管理；组织策划公司会议、年会，对会议纪要整理、归档；负责总部及各部门办公用品的领用；负责车辆及员工餐的管理			
决策权责	1．分析建议权：分析各部门办公用品量，制定合理的库存；分析食堂相关物品价格的合理性；对所管辖工作的分析建议权			
	2．组织协调			

续表

岗位职责	1. 公司文档、合同、证照的日常管理工作，包括新建、编号、录入、审核、归档、外借、查阅、销毁等工作；公文的草拟、呈批、发布等工作；公司制度的发布、更新管理；公司图书管理；公司大事记资料录入、整理、归档；公共类信息的审核和发布（包括通讯录、网页等）；公司荣誉奖牌、奖状管理，并对其进行录入登记、保管、复制、清洁、维护等工作
	2. 公司年度行政会议的组织、策划工作；会议纪要的整理、签发、归档工作；会议记录的监督和执行，对违纪人员进行处罚
	3. 公司间的员工交流活动、客人来访、公务接待等工作，为其安排食宿、行程及票务办理等；工商行政管理部门的业务联系、联谊，维系政府行政部门关系
	4. 公司各部门每月办公用品的派发；做好并保管仓库出入明细账册；定期清理仓库杂物；定期盘点仓库物品；派发新员工入职办公用品
	5. 负责每周员工餐食谱的制定，保证荤素搭配合理；根据市场菜价，合理制定物美价廉的菜谱，控制成本；监管员工餐厨师工作，确保食品卫生及员工餐卫生
	6. 负责宿舍的管理，及时办理员工住宿与退宿手续，定期检查并督促住宿员工清扫与整理，确保用水用电安全；公司车辆管理与调度，包括车辆的使用、维修保养、保险缴纳、油卡充值等；管理保洁员的卫生清理工作，保证员工良好的工作环境
	7. 负责部门经费管理、做好经费明细账册，列举当月支出；节假日公司的值班安排工作；配合本部门各项目工作的开展；完成部长交办的临时性工作
岗位要求	1. 教育水平：大专以上
	2. 专业：行政管理、人事管理、文秘相关专业；接受过行政管理相关培训；2年以上行政工作经验；熟悉行政管理的相关专业知识
	3. 技能技巧：熟练使用办公软件，具有文书处理能力
	4. 个人素质具备：执行力、学习力、判断能力、团队凝聚力、组织协调能力、语言文字能力

（2）职能人员考核表（以行政部为例）

表4-12　行政人员考核表

考核项目		项目描述	总分标准	评分	
				自评分	上级评分
工作状态及态度（45）	责任心	对公司工作任务是否能勇于承担责任，是否能将工作放在首位，是否能够赋予重要任务	10		
	执行力	是否能认真执行上级交办的各项工作，是否完全按照任务要求及工作规范开展工作	10		
	勤奋度	是否爱岗敬业积极主动，是否能够任劳任怨完成任务	9		
	团队合作	是否能与他人密切合作，是否主动为他人工作提供支持	8		
	遵纪守法	是否能遵守公司各项规章制度	8		
工作能力与效果（55）	业务能力	专业知识是否丰富，业务技能是否过硬	10		
	解决问题能力	是否能有效处理工作中遇到的问题，是否能预见工作中可能出现的问题并采取应对方法	10		
	工作质量	工作中是否细致用心，考虑问题周到全面，较少出现疏忽或错误，高质量完成工作任务	10		
	工作效率	是否能高效、快速完成工作任务	9		
	沟通能力	同事之间沟通是否顺畅；需要其他部门支持工作时，是否经常遇到障碍	8		
	创新性	工作中是否经常提出改进方法，是否采取提高工作效率的工作方式	8		
合计					
得分（转换为5分制）		（个人自评×20%+上级评分×80%）×5%			
上级评语及工作改进建议					

4.4.6 生产人员绩效考核设计

1. 业绩考核关键因素

生产人员的绩效考核相对简单得多，主要以计件制和计时制为主，计件制运用的更为普遍一些，计件制主要以生产人员的具体生产数量为计算基准，而计时制则主要根据生产时间的安排来作为依据。

2. 考核内容和指标

（1）生产经理岗位责任说明书

表4-13 生产经理岗位责任说明书

基本信息	职位名称	生产部经理	职位编号	
	直接上级	生产部总经理	直接下级	生产部科长
岗位性质	全面主持生产科的工作			
管理权限	对本科职责范围内的工作有指导、指挥、协调、监督管理的权力			
管理职责	对职责范围内的工作负全责			
岗位职责	1. 负责下达生产计划任务 2. 安排和控制生产作业进度 3. 对生产作业计划情况进行检查 4. 根据各类信息对生产过程调度、协调和平衡 5. 负责对生产产量的统计和物资消耗的统计 6. 对下属人员的考核、评价、激励 7. 订单的审核、登记、汇总、安排生产 8. 协调好生产与技术、开发、质量管理等部门之间的关系 9. 合理组织好对生产人员的调配管理工作 10. 搞好与设备管理部门的协作关系 11. 承担对下属的推荐权和考核、评价权 12. 定期或不定期组织生产有关人员进行分析讨论			
岗位要求	1. 具有大专以上文化程度和管理协调能力 2. 具有一定本行业生产管理经验 3. 有较强的工作责任感和事业心，能吃苦耐劳			

续表

参加会议	1. 参加公司召开的科级以上有关会议 2. 参加公司每月、季度的工作协调会 3. 参加公司年度工作评比会

（2）生产经理考核表

表4-14 生产经理考核表

被考核人姓名		职位		部门			
考核人姓名		职位		部门			
序号	考核指标	分值	考核标准			扣分依据	考核得分
1	生产安全	20分	1. 发生一般性的生产安全事故扣15分；发生重大安全事故，本项分数全扣 2. 违反安全操作规程及工艺操作规程未发生损失及影响，1次扣2分，2次以上（含2次）扣8分；造成重大损失或影响，本项分全扣 3. 违反安全工作纪律，2分/次				
2	生产现场质量管理	20分	1. 发生客户质量问题投诉扣20分 2. 发生客户现场投诉情况扣5分				
3	生产现场成本管理	20分	1. 吨耗成本长期高于本地平均水准扣5分 2. 因责任未到，造成产品浪费扣10分				
4	员工素质	10分	1. 旷职扣10分/次 2. 擅离岗位扣2分/次 3. 未穿工作服或规定的防护用品，扣2分/次 4. 未经同意，私自带他人进入生产车间，扣10分 5. 上班时间内做与工作无关的事，扣1分/次 6. 进入车间禁带任何物品，否则，扣5分/次				
5	配合度	15分	1. 工作未完成却没向上级反映，扣3分/次 2. 顶撞上级，不服从合理的工作安排，扣3分/次 3. 以各种理由推脱工作，扣3分/次 4. 请假、调迁、交接班没有将工作交接好，以致他人有疑问，扣2分/次				

续表

| 6 | 工作态度 | 15分 | 1. 能与同事相处工作，偶尔有矛盾但能及时完成工作扣2分
2. 与人很难相处，常有矛盾发生，消极怠工扣10分 | |

本次考核总得分		
被考核人	考核人	复核人
签字：　　日期：	签字：　　日期：	签字：　　日期：
上级评语及工作改进建议		

4.5 案例呈现

　　C股份有限公司于2016年1月公告的限制性股票激励计划（草案）中披露第1期解锁业绩考核目标为"2016年归属于上市公司股东的净利润18 000万元或公司市值在2016年度任意连续20个交易日达到或超过100亿元"。

4.6 案例分析

C股份有限公司本次激励计划的考核指标体系包括净利润与市值指标。

净利润指标反映未来能带给股东的可分配利润的实现情况,用以衡量公司盈利能力的成长指标体系;市值指标直接反映了股东二级市场获益情况,能够树立较好的资本市场形象。

从目前市场800余家规范股权激励案例来看,敢于使用"市值"作为考核指标的上市公司几乎没有第二家。C股份有限公司2015年12月31日收盘后的市值为79.47亿元,公司2016年的市值目标为任意连续20个交易日达到或超过100亿元,按照目前的总股本41 135.50万股来计算,需要连续20个交易日股价保持在24.30元及以上;从公司股价走势来看,基本回到2015年第一次股灾之前水平,对于C股份有限公司来讲,挑战不小,未来市值管理显得尤为重要。

第5章
薪酬与福利管理

薪酬与福利管理是一门技术性很强的管理科学,其设计和实施有内在的规律和基础。

如何才能创新、优化薪酬福利管理制度,使薪酬福利管理执行到位、落地有声?很多成功企业的经验告诉我们,只有通过对薪酬福利管理体系进行透析和改革才能达到目的。

5.1 薪酬管理的作用

薪酬管理是企业对其薪酬战略、薪酬政策，薪酬制度及薪酬功效的确定、控制和调整过程；薪酬管理是企业人力资源管理的一项重要职能活动；薪酬管理是一项影响企业经营目标实现程度的战略管理活动。

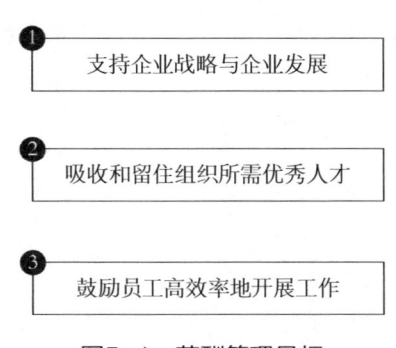

图5-1　薪酬管理目标

薪酬管理的作用如下。

1. 优化人力资源的配置与使用

（1）确立"人力资本"观念，建立人力资源发展战略；

（2）优化企业人力资源，进行岗位分析和测评；

（3）确立"人力资源管理"观念，建立人才配置与使用机制；

（4）提供良好的育人环境，明确员工发展道路；

（5）重视企业文化创造，营造良好的企业氛围。

2. 薪酬管理是管理者以人为本的重要体现

薪酬是对劳动者提供劳动的回报，是对劳动者劳动消耗的补偿，因此薪酬水平既是对劳动者劳动价值的肯定，也直接影响着劳动者的劳动水平。所谓以人为本的管理思想，就是要尊重劳动者的物质和精神层面的需求，解除其后顾之忧。一个组织的薪酬制度如果连员工的基本生活水平都保证不了，就谈不上"以人为本"。在我国物质水平日益提高的今天，管理者不仅要保证其员工的基本生活，而且要适应社会和个人的全方位发展，提供更全面的工作保障，建立起适应国民经济发展水平的薪酬制度。

3. 直接决定着劳动效率

薪酬管理是对人的管理，对人的管理实质上是让别人去做管理者想做的事，而要被管理者去做管理者想做的事，就要建立一种机制，使被管理者的行为符合管理者的要求，这样管理才能成功。

4. 薪酬战略是组织战略的重要组成部分

（1）吸引优秀的人才加盟，壮大职工队伍建设；
（2）保留核心骨干员工；
（3）突出组织的重点业务与重点岗位；
（4）保证组织总体战略的实施。

5. 提高组织的赢利能力

薪酬对劳动者来说意味着劳动回报，对于组织来讲意味着人力资源成本。虽然现代的人力资源管理理念不能简单地以成本角度来看待薪酬，但保持先进的劳动生产率，有效地控制人工成本，发挥既定薪酬的最大作用，对于增长组织利润，增强组织赢利能力，进而提高竞争力无疑作用是直接的。充分发挥薪酬作用与功能，可全面强化企业薪酬的优势激励作用，提升员工的向心力与凝聚力。使员工的潜力可无限延伸，当然离不开科学有效的激励措施支持，而新时期企业薪酬激励则不失为一种优质的实践措施，可令员工持续地挑战自我，激发无限潜能，最大化释放力量，并促进企业综合效益的持续提升，最终实现员工与企业的共进提升。

5.2 薪酬管理原则

1. 公平性原则

公平性是指企业员工对薪酬分配的公平感，也就是对薪酬发放是否公正的熟悉与判定，是设计薪酬制度和进行薪酬治理时首要考虑的因素。公平的赏罚是取得员工的信任、争取员工支持并为企业做出更大贡献的基础。

（1）自身公平

同一企业中占据相同职位的员工，其所获得的薪酬应与其贡献成正比；同样，不同企业中职位相近的员工，其薪酬水平也应基本相同。

（2）内部公平

同一企业不同职务的员工所获得的薪酬应与其各自对企业做出的贡献成正比，只要比值一致，就是公平。

（3）外部公平

同一行业、同一地区或同等规模的不同企业中类似职务的薪酬应基本相同，因为此类职务对员工的知识、技能与经验要求相似，付出的脑力和体力也相似，所以，薪酬水平也应大致相同。

2. 竞争性原则

（1）外部竞争性

在社会上和人才市场中，企业的薪酬标准要有吸引力、竞争力，就必须高于同行业其他企业的薪酬水平。只有这样，企业才能战胜竞争对手，招到所需人才并留住人才，进而确保企业能够保有一支稳定的劳动力队伍。

（2）内部竞争性

在实际设计中，薪酬体系的内部竞争力体现在其构成与分配机制的合理性上。

3. 激励性原则

激励性是指在内部各类、各级职务的薪酬水准上，适当拉开差距，真正体现薪酬的激励效果，为每个员工提供公平均等的机会，提倡和鼓励竞争，让富有聪明才智和老实肯干者在竞争中脱颖而出并获得高报酬，激励员工为追求本企业效益最大化而努力，反对平均主义分配。因而在进行薪酬体系设计时，设计一个能让员工、团队有效发挥自身能力和责任的机制，一个努力越多、回报就越多的机制，一个不努力就只有很少回报甚至没有回报的机制，是激励性原则最好的体现。

4. 经济性原则

经济性原则强调企业设计薪酬时必须充分考虑企业自身发展的特点和支付能力，同时实现薪酬的最大效用。提高企业的薪酬水准，固然可以提高其竞争性与激励性，但同时不可避免地导致企业人力成本的上升。因此，薪酬水平的高低不能不受经济性的制约，也就是说，要考虑企业的实际承受能力的大小。

5. 合法性原则

合法性是指企业的薪酬制度必须符合国家现行政策与法律，特别是国家有关的强制性规定，在薪酬设计中，企业是绝对不能违反的，比如，国家有关最低工资的规定、有关职工加班加点的工资的支付问题，等等，企业必须遵守。

5.3 薪酬体系设计的基本步骤

薪酬体系设计流程详见图5-2所示。

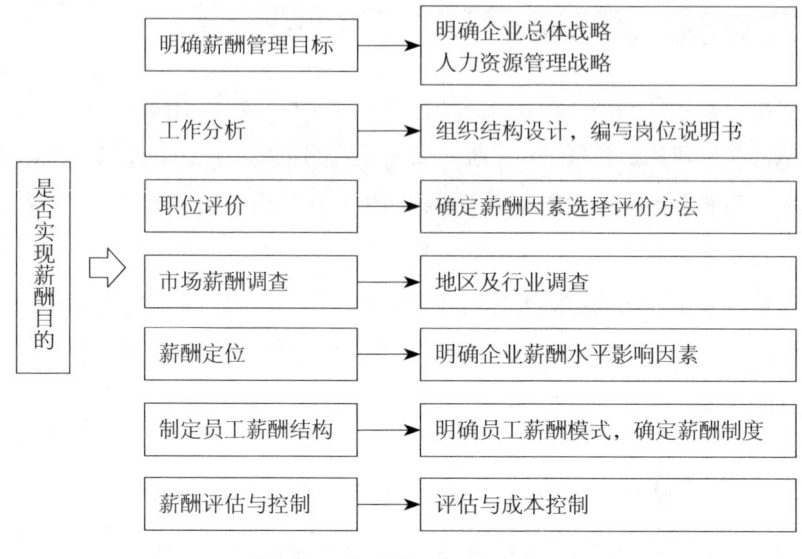

图5-2 薪酬体系设计流程图

1. 明确薪酬管理目标

（1）效率目标

效率目标包括两个层面：第一个层面站在产出角度来看，薪酬能给组织绩效带来最大价值；第二个层面是站在投入角度来看，实现薪酬成本控制。薪酬效率目标的本质是用适当的薪酬成本给组织带来最大的价值。

（2）公平目标

①分配公平是指组织在进行人事决策、决定各种奖励措施时，应符合公平的要求。分配公平分为自我公平、内部公平、外部公平三个方面。

②过程公平是指在决定任何奖惩决策时，组织所依据的决策标准或方法符合公正性原则，程序公平一致、标准明确、过程公开等。

③机会公平指组织赋予所有员工同样的发展机会，包括组织在决策前与员工互相沟通交流，组织决策考虑员工的意见，建立员工申诉机制等。

（3）合法目标

合法目标是企业薪酬管理的最基本前提，要求企业实施的薪酬制度符合国家、省区的法律法规、政策条例要求，如不能违反最低工资制度、法定保险福利、薪酬指导线制度等的要求规定。

2．工作分析

职位分析是确定薪酬的基础，基本步骤包括：结合公司经营目标，要在业务分析和人员分析的基础上，明确部门职能和职位关系；进行岗位职责调查分析；人力资源部和各部门主管合作编写职位说明书。

3．职位评价

职位评估重在解决薪酬的对内公平性问题，即达到企业内部均衡。
企业内部均衡失调有如下两种情况。
（1）差距过大

差距过大是指优秀员工与普通员工之间的薪酬差异大于工作本身的差异，也有可能是工作职位相似或相同的员工薪酬水平存在着较大的差异。前者有助于稳定优秀员工，后者会造成员工的不满。

（2）差距过小

差异过小是指优秀员工与普通员工之间的薪酬差异小于工作本身的差异。它会引起优秀员工的不满。当内部均衡适当时，员工可以达到正常的工作效率；当内部均衡不适当时，员工的工作效率则会大大降低，而薪酬体系中的职位评价正是为了解决企业内部均衡失调这个问题。职位评价是职位分析的自然结果，基本程序是对每一个职位所包含的内容进行相互比较。

4．市场薪酬调查

（1）企业薪酬现状调查

通过科学的问卷设计，从薪酬水平的三个公平（内部公平、外部公平、自我公平）的角度了解造成现有薪酬体系中的主要问题以及造成问题的原因。

（2）市场薪酬水平调查

主要收集行业和地区的薪资增长状况、不同薪酬结构对比、不同职位和不同级别的职位薪酬数据、奖金和福利状况、长期激励措施以及未来薪酬走势分析等信息。

（3）薪酬影响因素调查

综合考虑薪酬的外部影响因素（如国家的宏观经济、通货膨胀、行业特点和行业竞争、人才供应情况）和企业的内部影响因素（如赢利能力和支付能力、人员的素质要求及企业发展阶段、人才稀缺度、招聘难度）。

5. 薪酬定位

在分析同行业的薪酬数据后，需要做的是根据企业状况选用不同的薪酬水平。影响公司薪酬水平的因素有多种。从公司外部看，国家的宏观经济、通货膨胀、行业特点和行业竞争、人才供给状况甚至外币汇率的变化，都对薪酬定位和工资增长水平有不同程度的影响。在公司内部，决定薪酬水平的主要因素有工作的价值、公司的赢利能力和支付能力、人员的素质要求。而企业发展阶段、人才稀缺度、招聘难度、公司的市场品牌和综合实力，也是不可忽视的重要影响因素。

在薪酬定位上，企业可以选择跟随策略或领先策略。在市场实际竞争中，薪酬上的佼佼者未必是品牌最响的公司，因为品牌响的公司可以依靠其综合优势，不必投入大量的人力资源成本也可能找到优秀的人才，往往是那些财大气粗的后起之秀经常采用高薪策略。它们多处在创业初期或快速上升期，投资者愿意用金钱买时间，希望通过挖到一流人才来快速拉近与巨头公司的差距。

6. 薪酬结构设计

不同的企业有不同的薪酬价值观，不同的价值观决定了不同的薪酬结构。企业在设计薪酬结构的同时，往往需要综合考虑五个方面的因素：一是其职位等级，二是个人的技能和资历，三是工作时间，四是个人绩效，五是福利待遇。在工资结构上，薪酬分别计为基本工资、绩效工资、加班工资和薪酬福利。

总之，薪酬体系设计必须结合企业的实际情况，并结合企业的战略文化，系统、全面地考虑各项因素，并及时根据企业运营现状进行修改和调整，才能充分发挥薪酬的激励和引导作用，为企业的生存和发展起到重要的制度保障作用。

7. 薪酬评估与控制

薪酬的评估是对企业现行薪酬体系的一个诊断评价，对企业的薪酬管理的具体内容上仔细权衡和比较，以期为达到"员工劳有所得"的目的提供一份参考。

薪酬成本控制是企业薪酬管理者必须掌握的管理技能。如果企业薪酬成本失控，就会吞噬企业利润导致企业经营陷入困难。薪酬体系确立后，企业应当在做好充分解释说明的基础上，严格贯彻执行薪酬制度。薪酬体系的修正，应根据市场和企业的变化情况，按照规定的程序进行调整。

5.4 掌握通行的薪酬结构

1. 相关概念

（1）薪酬结构

即薪酬的组成部分。薪酬结构是对同一组织内部的不同职位或者是技能所得到的薪酬进行的各种安排，是依据公司的经营战略、经济能力、人力资源配置战略和市场薪酬水平等为公司内价值不同的岗位制定不同的薪酬水平和薪酬要素，并且提供确认员工个人贡献的办法。

（2）基本工资

基本工资是薪酬结构的重要组成部分。基本工资以岗位价值为基础，是公司按月支付给员工的固定收入部分。基本工资是根据员工所在职位、能力、价值核定的薪资，不直接与公司的经营业绩挂钩。

（3）补贴

补贴是根据公司的规定以现金形式发放的各类补助，包括按规定标准发放的物价补贴、通信补贴、交通补贴、住房补贴、餐补等。

（4）绩效工资

绩效工资是以对员工绩效的有效考核为基础，实现将工资与考核结果相挂钩的工资制度，它的理论基础就是"以绩取酬"。企业利用绩效工资对员工进行调控，以刺激员工的行为，通过对绩优者和绩劣者收入的调节，鼓励员工追求符合企业要求的行为，激发每个员工的积极性，努力实现企业目标。

（5）年终奖

年终奖是指每年度末企业给予员工不封顶的奖励，是对员工一年来的工作业绩的肯定。年终奖的发放额度和形式一般由企业自己根据情况调整。好的年终奖办法要匹配较好的考评指标、评价方法、发放规则等相应的各项制度，可以有效地激励员工，增加企业凝聚力。

（6）福利

福利是员工的间接报酬，一般包括健康保险、带薪假期、过节礼物或退休金等形式。这些奖励作为企业成员福利的一部分，奖给职工个人或者员工小组。

2. 薪酬结构模式

（1）高弹性薪酬模式

这是一种激励性很强的薪酬模型，绩效薪酬是薪酬结构的主要组成部分，基本薪酬处于非常次要的地位，所占的比例非常低，即薪酬中固定部分比例比较低，而浮动部分比例比较高。在这种模式中，员工的工资几乎完全依赖于工作绩效的好坏，这种模式适合对工作十分热情的员工。

（2）稳定模式

这是一种稳定性很强的薪酬模型，基本薪酬是薪酬结构的主要组成部分，绩效薪酬等处于非常次要的地位，所占的比例非常低。薪资结构固定的比例非常高，浮动部分比较少。这种薪酬模式适合对工资稳定性有要求的员工。

（3）中和模式

这是一种既有激励性又有稳定性的薪酬模型，绩效薪酬和基本薪酬各占一定的比例。当两者比例不断调和变化时，这种薪酬模式可以演变为以激励为主的模式，也可演变为以稳定为主的薪酬模式。

3. 通行的薪酬结构

全面型薪酬结构：包括固定工资，浮动工资中的绩效工资和奖金提成。其中，固定工资还包括基本工资和补贴，绩效工资包括日常绩效和年终绩效。

企业在薪酬结构运用当中最常用的薪酬结构详见图5-3所示。

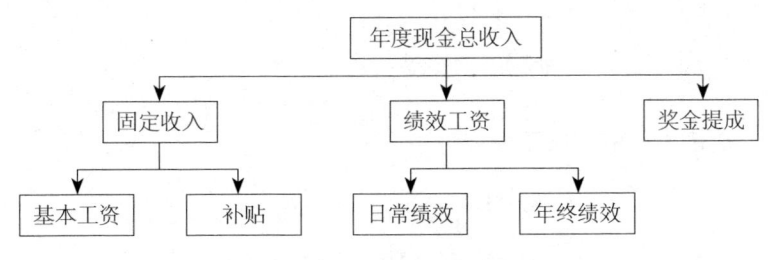

图5-3 通行的薪酬结构

在全面型薪酬结构的模式下，企业的薪酬相对比较全面，绩效与奖金都有所体现。这种模式的设计最为复杂，既考虑了薪酬的保留作用，又考虑了薪酬的激励作用。其适用性最广泛，基本上适用于所有员工。

5.5 不同岗位的薪资设计

5.5.1 销售人员薪资设计

销售人员直接实现公司产品在市场上的价值，把握公司经济命脉，因而是公司最为重要的人力资源。如何有效地激励销售人员的工作积极性是摆在众多企业面前的共同问题，激励的关键在于薪酬制度，因此如何建立有效的薪酬激励制度成为企业人员激励的核心。

1. 销售人员薪酬设计的影响因素

（1）劳动力市场的供求状况；

（2）企业经济承受能力；

（3）产品特性；

（4）销售人员付出的劳动时间和劳动量；

（5）销售人员职位等级；

（6）销售人员的技能水平；

（7）销售人员的受教育程度；

（8）销售人员为企业服务的年限。

2. 销售人员的一般工资设计

$$月工资=底薪+绩效+提成+福利+补贴$$

$$月工资=纯提成+福利+补贴$$

（1）底薪的设计

底薪一般有三种形式。一种是无任务底薪，这种底薪与业绩完成情况无关，可以理解成固定工资。另一种是带任务底薪，这种形式的底薪和业绩完成情况直接相关，根据业绩完成率按比例或既定的标准发放。还有一种是混合底薪,就是底薪中有一定比例是无任务底薪,固定发放,其余部分和任务完成挂钩。

(2) 提成的设计

包括以下几个部分。

①业务量:例如将产品销售额、销售数量等作为销售依据。

②合同额:按照签订合同额的金额作为提成比例。

③毛利率:按项目合同计算出的毛利率计算提成额,这种方法在实践中要注意毛利率的计算方式并且得到所有销售人员的认可,不然会引发矛盾。

④回款额:项目签订之后,督促销售签订合同后督促回款,并且按照回款额计算提成。

⑤项目提成:依据项目总额或者项目回款额、项目毛利率来计算提成。

⑥周期兑现法:例如每周、每月、每季度、半年或者年度兑现。

⑦事件发生法:例如销售合同签订、合同首付款到账、尾款到账等。

提成比例的设计也是一个重点和难点,比例设高了,对员工个人的激励增大,但企业的利润就相对降低了;比例设低了,对个人没有多大的激励,从而导致企业的利润下降。

某公司销售额、工资计提比例如表5-1所示。

表5-1 某公司销售额、工资计提比例

月销售额	工资计提比例
10 000元以下	5%
10 000~25 000元	6%
25 000~35 000元	7%
35 000元以上	8%

若业务员甲本月销售额为28 000元,则其提成为28 000×6%=1 680元。

5.5.2 高层管理人员薪资设计

在现代企业中，高层管理人员属于企业运营的核心人才，他们从事管理工作并拥有一定的职位。他们工作内容主要是对整个组织的管理负有全面的责任，主要职责是制定组织的总体目标和发展战略，掌握组织的大政方针，并且要对企业的整体绩效做出评价。高层管理者的工作重点在于决策，因此他们要掌握的知识更加趋向于观念技能，例如经营预测、经营决策、管理会计、市场营销和公共关系等。同时，在企业对外的合作和交往中，企业的高管人员代表企业的身份出现。企业高管人员所承担的计划、组织、领导和控制等职责作为制定高管人员薪酬体系的主要依据。高层管理人员工作的特殊性决定了其薪酬管理的差异性。因高管人员对企业的发展起着重要的作用，故企业更应该突出对其薪酬管理的重要性。

1. 高级管理人员薪酬激励的基本理念

（1）强调价值创造的人力资源理念；
（2）强调价值平衡的利益相关者理论；
（3）高级管理人员可以发展为股东。

2. 影响高层管理人员薪酬的因素

（1）市场平均薪酬水平；
（2）企业经济发展水平；
（3）高层管理人员的专业管理水平；
（4）职位价值；
（5）工作年龄。

3. 高层管理人员的薪资构成

高管人员的薪酬结构主要由岗位工资、效益奖金、长期激励和待遇福利四个部分组成。

（1）岗位工资

岗位工资是高管人员位于管理序列岗位的基本收入。其比例一般以占到总体薪酬的一半左右为适宜。岗位工资对高管人员来说属于固定收入部分，主要是保障其基本生活水平，但是岗位工资在激发高管人员工作积极性方面的作用不够明显。

（2）效益薪酬

效益薪酬是基于对高层管理人员经营的业绩考核来确定的，是针对高管人员的短期激励方式。由于高管人员的决策、控制、领导能力对于企业效益的影响有着比一般员工更大的作用，因此，企业要将短期效益的变化作为其奖金的发放标准，让高管人员在企业经营效益的进步中获取自己努力的成果。

（3）长期激励

长期激励是将企业的业绩与高层管理人员的薪酬紧密结合，主要表现形式是股票及股票期权计划的控制权。对高管人员来说，他们往往承担着企业经营决策方面的巨大风险，效益奖金这种短期的激励方式已经无法满足其更高的利益需求，因此要通过长期的激励来予以弥补。近年来，以各种股票计划为主要内容的长期激励方案越来越受到欢迎。

（4）待遇福利

员工的待遇福利包括：在公司内部为高层管理人员提供舒适的工作环境；在公司外部为高层管理人员的工作提供良好的服务；在生活上为高层管理人员提供优雅的个人居室，解决高管人员在生活上可能遇到的各种问题；最后还要使其享受各种待遇，如带薪年假、各类保险等。

5.5.3 生产人员薪资设计

生产人员通常是指企业生产人员,其中包括传统的生产人员和现代高科技生产人员。生产人员一般学历较低,以中专或技校为主,相对来讲,技能也比较专业。

由于生产人员主要是体力劳动者,因此生产型工作对生产员工的体力要求比较高,身体健康是必备的基本条件。工作的复杂性强,要求员工能够严格遵守职位工作的操作规范,执行好职位的相关操作要求。

生产人员的薪资模式,一般采用计件制或计时制的模式。

1. 计件制

计件工资是按照工人生产的合格品的数量(或作业量)和预先规定的计件单价,来计算报酬的一种工资形式。它不是直接用劳动时间来计量的,而是用一定时间内的劳动成果,即产品数量或作业量来计算的,因此,它是间接用劳动时间来计算的,是计时工资的转化形式。

计件制的形式如下。

(1)直接计件工资

按计件工人完成合格产品的数量和计件单价来支付工资。

(2)间接计件工资

按计件工人的工作成绩或所服务单位的工作成绩来计算支付工资。

(3)有限计件工资

对实行计件工资的工人规定其超额工资不得超过本人标准工资总额的一定百分比。

(4)无限计件工资

对实行计件工资的工人超额工资不加限制。

（5）累进计件工资

工人完成定额的部分按同一计件单价计算工资，超过定额的部分，则按累进递增的单价计算工资。

（6）计件奖励工资

产品数量或质量达到某一水平就给予一定奖励。

（7）包工工资

用工单位将成批量的或成系统的生产当作任务发包给雇员集体，事先协定好工作量、完成期限、包工工资数额等双方的义务与权限，承包方如期完工之后，获得合同规定的工资总额，然后在包工集体中再分配。

2．计时制

计时工资是指按照劳动者的工作时间来计算工资的一种方式。计时工资可分为：周工资制、日工资制和小时工资制。计时工资制是按照职工的技术熟练程度、劳动繁重程度和工作时间的长短来计算和支付工资的一种薪酬分配形式。它由两个因素决定：一是工资标准；二是实际工作时间。

计时制的形式如下。

（1）小时工资制

小时工资制就是按照小时工资标准和实际工作的小时数来计算工资。小时工资标准按日工资标准除以日法定工作时数求得。

（2）日工资制

日工资制就是根据劳动者的日工资标准和实际工作日数来计算工资。

计时工资是最传统的工资形式，其特征是：劳动量以劳动的直接持续时间来计量。因按时间劳动的自然尺度灵活，故其适用性强、适用范围广，几乎所有的劳动均可采用此种工资支付方式。

5.6 福利体系设计

5.6.1 福利的特点

1. 报酬性

福利是企业对员工提供的一种间接性经济补偿，是员工总薪酬的组成部分，多采用实物延期支付形式。

2. 补偿性

员工福利是对劳动者为企业提供劳动的一种物质性补偿，也是员工工资收入的一种补充形式，是额外的薪酬保障。

3. 均等性

在企业内履行了劳动义务的员工，都可以平均地享受企业的各种福利，而且只要是在规定的范围内，所有的福利就都是平均的，不存在倾斜性。

4. 集体性

企业兴办各种集体福利事业，员工集体消费或共同使用公共物品等是员工福利的主体形式，也是员工福利的一个重要特征。

5. 持续性

福利体现了企业对员工生活与工作提供补助的长期承诺，企业内任何履行劳动合同的员工都能持续性地享受福利待遇。

6. 多样性

企业员工福利的给付形式多种多样，包括现金、实物、带薪休假以及各种服务，而且可以采用多种组合方式，要比其他形式的报酬更为复杂，更加难以计算和衡量，最常用的方式是实物给付形式，并且具有延期支付的特点。这与基本薪酬差异较大，这样才会把各种公司人性化的色彩带入进来。

5.6.2 常见的福利项目

常见福利项目详见表5-2所示。

表5-2 常见福利项目

类别	福利项目
经济性福利	额外收入
	超时加班费
	住房性补助
	交通性福利
	饮食性福利
	教育培训性福利
	医疗保险性福利
	带薪节假日
	文化性福利
	金融性福利
	洗礼津贴
	服装津贴
非经济性福利	咨询性福利
	保护性福利
	工作环境保护
保险福利	员工意外伤害保险
	员工失业保险
	员工养老保险
	员工住院保险
	员工个人财产保险

5.6.3 员工福利计划

1. 概念

员工福利计划一般是指企业为员工提供的非工资收入福利的综合计划。它所包含的项目包括保险保障、退休计划、带薪假期、教育津贴等各种各样的津贴和福利。而从现代人力资源管理的角度看，员工福利计划是指企业为员工提供的非工资收入福利的一揽子计划。所包含的项目内容可由各企业根据其自身实际情况加以选择和实施。完善的员工福利计划是企业保留人才的重要手段。

2. 福利计划类型

（1）法定计划

指国家立法强制实施的社会保障制度。包括基本养老保险、医疗保险、失业保险、工伤保险等。

（2）自主计划

包括员工补充养老保险、人寿保险、健康保险、意外保险等。

（3）股权、期权计划

在满足公司事先约定条件的前提下，员工可在一定期限内，以事先约定的价格，认购一定数量的公司股票及员工股票期权。

（4）其他

包括培训、休假、集体活动、运动等。

员工福利计划通常主要由以下部分组成：国家规定实施的各类基本的社会保障，企业年金(补充养老金计划)及其他商业团体保险计划，股权、期权计划，其他福利计划等。

（5）弹性福利计划

目前比较流行一种员工福利计划叫弹性福利计划。弹性福利计划就是员工可以从企业所提供的各种福利项目菜单中选择其所需要的一套福利方案的福利管理模式。它有别于传统固定福利，因为传统的福利制度已不能满足不同员工的不同需求，许多公司开始提供多样化的福利项目。

弹性福利计划具有一定的灵活性、激励性和参与性，使员工更有自主权，能够满足员工的个性化需求，使福利的效益最大化。

3. 福利体系的发展趋势

（1）保健因素向激励因素转化；
（2）成为薪酬竞争力的代替和补充；
（3）成为宣传企业文化的重要手段。

5.6.4　福利计划考虑因素

1. 生理需要

生理需要是人类最原始、最基本的需要。人们在追求较高层次需求前，总是要先满足生理需要。虽然目前现代企业的薪资激励多数情况下已经可以满足员工的吃、喝、住、行等最基本的生理需要，但对生活困难的基层员工提供必要的经济福利补贴依然十分必要。为刚入职经济基础较差的新员工安排集体宿舍，为适婚员工提供无息购房、购车政策，给予长期室外工作员工高温补助等福利也都在满足员工生理需求中发挥着重要作用。

2. 安全需要

安全需要是生理需要的延伸，员工追求的是职位的保障及意外事故的防止。它可以分为两方面：员工生活安全需要与员工身心安全需要。企业可以通过养老保险、生育险、住房基金、工伤保险等国家政策鼓励的福利措施及住院慰问金、员工年度体检等企业具体福利措施，确保员工具有相对安全的工作环境，满足其安全需要。

3. 社交需要

当员工的生理和安全需要得到满足后，上层的社交需要便凸显出来。此时，员工追求的是良好的人际关系及组织内部的和谐相处。企业可以通过建立职工之家、公费旅游、互助金制度、技术交流、晨会分享、免费电影券发放等方式增加团队凝聚力，以满足员工的社交需求。

4. 尊重需要

面对这一阶段，员工追求的是地位、名分、权力等高层次需求。此种需要在中高层员工、技术骨干等员工身上表现最为突出，如期望私人办公室、股票分红等。

5. 自我实现需要

此时，员工追求的是能发挥自身特长和才华的组织环境及有挑战性的工作内容。企业可以通过提供外派、劳资会议等福利方式满足员工需求，达到激励作用。海尔公司为如何满足员工自我实现需要提供了很好的办法：以员工名字命名小发明，激励员工的创新精神。

5.7 社保公积金

社会保险是指国家为了预防和分担年老、失业、疾病以及死亡等社会风险，实现社会安全，而强制社会多数成员参加的，具有所得重分配功能的非营利性的社会安全制度。

社会保险的开户流程详见图5-4所示。

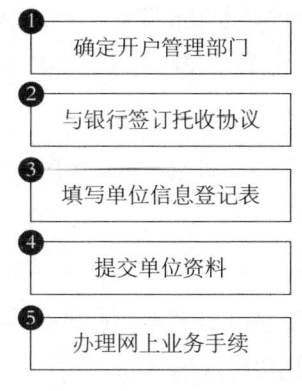

图5-4　社会保险开户流程

5.7.1　养老保险

1. 概念

养老保险，全称为"社会基本养老保险"，是国家和社会根据一定的法律和法规，为解决劳动者在达到国家规定的解除劳动义务的劳动年龄界限，或因年老丧失劳动能力退出劳动岗位后的基本生活而建立的一种社会保险制度。它是社会保障制度的重要组成部分，是社会保险五大险种中最重要的险种之一。养老保险的目的是保障老年人的基本生活需求，为其提供稳定可靠的生活来源。

员工基本养老保险主要经办业务有：新参保、养老保险关系的转移接续、个人账户的封存、在职转退休、退休人员丧葬抚恤费的支付、在职人员参保信息的更改、退休人员信息更改等。

2. 单位参保手续办理

各类企业均应按归属地管理的原则，到纳税地（非纳税单位按单位地址区域）所管辖社会保险经办机构办理社会养老保险登记手续。新成立的单位应在单位批准成立之日起1个月内办理登记手续。参保单位必须为与其发生事实劳动关系的所有人员（聘用的退休人员除外）办理社会保险手续。

需填报的表格及附报资料：

社会保险登记表及在职职工增减异动明细表（一式两份）。在所管辖社会保险经办机构领取。

需要相关证件如下：

（1）企业营业执照（副本）或其他核准执业或成立证件；

（2）中华人民共和国组织机构代码证；

（3）地税登记证；

（4）私营企业如相关证件无法清楚地认定其单位性质，应补报能证明其私营性质的相关资料。

附报资料：新参保职工身份证复印件（户口不在本市的职工还需提供户口本或者暂住证复印件）

以上证件同时需要原件及复印件，到所在社保经办机构办理。

3. 员工退休办理

（1）养老保险金按时足额缴纳，到达法定退休年龄，由企业劳资工作人员到基金征缴科申报退休。

（2）停缴，打印养老保险清单。

（3）企业劳资人员呈报所需材料，办理退休审批。

（4）企业需要向社保机构呈报的资料有：职工档案；职工养老保险手册（或社保卡）；二代身份证原件；企业职工退休核准表。

【附】养老保险常用表

表5-3 基本养老保险关系转移申请表

个人养老保险编号		姓名		性别	
公民身份号码			截止缴纳时间		
转移原因	□统筹范围内跨社保机构转移　□统筹范围外转移				
转出单位意见	单位编码				
	单位名称				
	联系方式				
	单位性质	□企业　　□机关　　□个体 □企业化管理事业单位　　□其他			
	（章） 　　年　　月　　日				
转出社会保险 经办机构意见	机构名称		单位电话		
	（章） 　　年　　月　　日				
转入单位意见	单位编码				
	单位名称				
	联系方式				
	单位性质	□企业　　□机关　　□个体 □企业化管理事业单位　　□其他			
	（章） 　　年　　月　　日				
转入社会保险 经办机构意见	机构名称				
	开户银行				
	开户全称				
	银行账号				
	单位邮编				
	联系电话				
	（章） 　　年　　月　　日				

续表

> 注：此表由转出地经办机构向申请人提供，同意转入后，须附以下相关资料：
> 1. 劳动人事关系转移证明文件（如人事关系介绍信、商调函等）
> 2. 调入人员养老保险关系转移单、个人账户对账单及原单位所在地历年社会平均工资及记账利率

表5-4 养老保险个人账户基本信息变更审批表

单位名称：（章）

更正项目及人数	姓名		民族	
	性别		户口性质	
	身份证号		出生日期	
	就业状态			
	参加工作时间		建账时间	
	视同缴费年限		用工形式	
	参保时间		退休时间	
更正原因或劳动保障行政部门审批表格、文件				
单位意见	经办人： 劳资负责人： 单位领导： 年 月 日			
经办机构初审意见	经办人： 复核人： 年 月 日			
经办机构审批意见	签章： 年 月 日			
备注				

5.7.2 医疗保险

1. 概念

医疗保险指通过国家立法，按照强制性社会保险原则，基本医疗保险费应由用人单位和职工个人按时足额缴纳。不按时足额缴纳的，不计个人账户，基本医疗保险统筹基金不予支付其医疗费用。以北京市医疗保险缴费比例为例：用人单位每月按照其缴费总基数的10%缴纳，职工按照本人工资的2%+3块钱的大病统筹缴纳。

单位员工医保缴费比例可详见表5-5所示。

表5-5 单位员工医保缴费比例表

基数类别	员工年龄	单位缴费部分划转	个人缴纳部分	缴纳合计
个人缴费基数	35周岁以下	0.8%	2%	2.8%
	35~45周岁	1%	2%	3%
	45周岁以上	2%	2%	4%

2. 基本医疗保险相关法规

《中华人民共和国社会保障法》中与基本医疗保险相关的法规如下。

第二十三条 职工应当参加职工基本医疗保险，由用人单位和职工按照国家规定共同缴纳基本医疗保险费。无雇工的个体工商户、未在用人单位参加职工基本医疗保险的非全日制从业人员以及其他灵活就业人员可以参加职工基本医疗保险，由个人按照国家规定缴纳基本医疗保险费。

第二十六条 职工基本医疗保险、新型农村合作医疗和城镇居民基本医疗保险的待遇标准按照国家规定执行。

第二十七条 参加职工基本医疗保险的个人，达到法定退休年龄时累计缴费达到国家规定年限的，退休后不再缴纳基本医疗保险费，按照国家规定享受基本医疗保险待遇；未达到国家规定年限的，可以缴费至国家规定年限。

第二十八条　符合基本医疗保险药品目录、诊疗项目、医疗服务设施标准以及急诊、抢救的医疗费用，按照国家规定从基本医疗保险基金中支付。

第二十九条　参保人员医疗费用中应当由基本医疗保险基金支付的部分，由社会保险经办机构与医疗机构、药品经营单位直接结算。社会保险行政部门和卫生行政部门应当建立异地就医医疗费用结算制度，方便参保人员享受基本医疗保险待遇。

第三十条　下列医疗费用不纳入基本医疗保险基金支付

（一）应当从工伤保险基金中支付的；

（二）应当由第三人负担的；

（三）应当由公共卫生负担的；

（四）在境外就医的。

医疗费用依法应当由第三人负担，第三人不支付或者无法确定第三人的，由基本医疗保险基金先行支付。基本医疗保险基金先行支付后，有权向第三人追偿。

第三十一条　社会保险经办机构根据管理服务的需要，可以与医疗机构、药品经营单位签订服务协议，规范医疗服务行为。

医疗机构应当为参保人员提供合理、必要的医疗服务。

第三十二条　个人跨统筹地区就业的，其基本医疗保险关系随本人转移，缴费年限累计计算。

3. 不同级别医院报销标准

表5-6　不同级别医院报销标准

医院	一级医院		二级医院		三级医院	
起付标准	统筹支付	个人支付	统筹支付	个人支付	统筹支付	个人支付
起付标准~3万元	90%	10%	87%	13%	85%	15%
3万元以上~4万元	95%	5%	92%	8%	90%	10%
4万元以上~封顶线	97%	3%	97%	3%	95%	5%

5.7.3 工伤保险

1. 概念

工伤保险，又称职业伤害保险。工伤保险是通过社会统筹的办法，集中用人单位缴纳的工伤保险费，建立工伤保险基金，对劳动者在生产经营活动中遭受意外伤害或职业病，并由此造成死亡、暂时或永久丧失劳动能力时，给予劳动者法定的医疗救治以及必要的经济补偿的一种社会保障制度。这种补偿既包括医疗、康复所需费用，又包括保障基本生活的费用。

2. 享受待遇

主要包括工伤医疗费、一至四级工伤人员伤残津贴、一次性伤残补助金、生活护理费、丧葬补助金、供养亲属抚恤金、一次性工亡补助金、辅助器具费、工伤康复费、工伤职工劳动能力鉴定费用。

3. 遵循原则

（1）无责任补偿（无过失补偿）原则；

（2）国家立法、强制实施原则；

（3）风险分担、互助互济原则；

（4）个人不缴费原则；

（5）区别因工与非因工原则；

（6）经济赔偿与事故预防、职业病防治相结合原则；

（7）一次性补偿与长期补偿相结合原则；

（8）确定伤残和职业病等级原则；

（9）区别直接经济损失与间接经济损失原则；

（10）集中管理原则。

4. 工伤认定申请

表5-7　工伤认定申请表

申请人			工伤职工	
申请人与受伤职工关系			填表日期	
职工姓名		性别	出生日期	年　月　日
身份证号码			联系电话	
家庭地址			邮政编码	
工作单位			联系电话	
单位地址			邮政编码	
职业工种或工作单位			参加工作时间	
时间事件地点及原因			诊断时间	
受伤害部位			职业病名称	
接触职业病危害岗位			接触职业病危害时间	
受伤害经过简述				
申请事项	申请人签字： 年　月　日			
用人单位意见	经办人签字：（公章） 年　月　日			
社会保险行政部门审查资料和受理意见	经办人签字： 年　月　日 负责人签字：（公章） 年　月　日			

5.7.4 失业保险

1. 概念

失业保险是指国家通过立法强制实行的,由社会集中建立基金,对因失业而暂时中断生活来源的劳动者提供物质帮助的制度。它是社会保障体系的重要组成部分,是社会保险的主要项目之一。

2. 享受条件

(1)按规定参加失业保险,所在单位和个人已按规定履行缴费义务满1年的;

(2)非因本人意愿中断就业的;

(3)已办理失业登记,并有求职要求的。

3. 申请流程

(1)企业已备案的失业人员接到原企业通知后,需携带解除劳动关系证明书、户口及身份证原件、就业失业登记证并填写申领失业保险金登记表,失业人员本人到居住地所在社区办理失业登记。

(2)失业人员到区人力资源和社会保障局办理复审,需携带本人身份证原件,申领失业保险金登记表并加盖公章。

(3)到失业保险管理局一站式业务厅办理失业保险金申领登记。

【需携带资料】:解除劳动关系证明;就业失业登记证;申领失业保险金登记表;二代身份证原件及复印件1张;身份证和医保卡复印件1张。

4. 失业保险金申请

表5-8 失业保险金申请表

原单位名称： 　　　　单位编号：

姓名		性别		身份证号码		
参加合同时间		用工形式	□公家干部	□固定工	□合同工	□临时工
解除合同时间		第（　）次申领		就业失业手册号		
现在住址				联系方式		
户口所属社区居（村）委会				超期办理月数		
申请理由	□单位提出解除劳动合同，现已失业 □劳动合同期满终止，单位不再续用，现已失业 □单位解散，劳动合同解除，现已失业 □被单位除名辞退或开除，现已失业 □其他非本人意愿中断就业，现已失业 　　　　　　签名： 　　　　　　　年　　月　　日					
身份证复印件张贴						
说明：失业人员应当在终止、解除劳动关系60天内，持解除劳动合同申请表或解除劳动关系证明、就业失业手册原件和复印件、身份证复印件和一寸免冠彩照一张，到社会保障部门办理申领失业保险金手续（社保卡持有者，需凭银行可结算账户存折及复印件办理）。请如实填写本申请表，并按实际在选择框内填上"√"，本表由社会保障部门存档						

5. 享受待遇

（1）领取失业保险金。

（2）如果患病或生育，到指定的医院就诊，可以按规定申请70%的医疗费补贴。

（3）失业人员在领取失业保险金期间开展私营企业、从事个体经营或自行组织起来就业的，可以一次性领取剩余期限的失业保险金（加上本次核定后已领取的月份，不能超过24个月），作为扶持生产资金。

（4）失业人员在领取失业保险金期间死亡的，其家属可以申领丧葬补助金、供养直系亲属一次性抚恤金。

（5）女性失业人员在领取失业保险金期间生育，符合国家计划生育规定的，可以申领3个月的生育补助金，标准与其领取的失业保险金计发标准相同。

（6）免费享受职业指导、职业培训等就业服务。

5.7.5 生育保险

1. 概念

生育保险是通过国家立法规定，在劳动者因生育子女而导致劳动力暂时中断时，由国家和社会及时给予物质帮助的一项社会保险制度。我国生育保险待遇主要包括两项：一是生育津贴，二是生育医疗待遇。其宗旨在于通过向职业妇女提供生育津贴、医疗服务和产假，帮助她们恢复劳动能力，重返工作岗位。

2. 享受条件

（1）在职人员必须按规定参保缴费，生育时累计缴纳生育保险费满12个

月以上，生育的当月和补缴生育保险费的月份不计入；（累计满12个月即可，没有连续缴纳也行）

（2）在符合国家规定设置妇产科的医疗机构分娩、流产、实施计划生育手术；（外地医院也可以报销）

（3）符合国家、省、市计划生育规定；（也就是说，只要符合基本国策，二胎也能领取）

（4）待遇申领时效：生育的次月15日起，方可受理申领，逾期超过6个月未及时申领者，不再受理。（未在规定时间内申领的不予批准）

3. 享受待遇

以下以北京市为例。

（1）生育津贴

①所需材料：

结婚证原件及复印件1份；

生育服务证原件及复印件1份；

婴儿出生证明原件及复印件1份；

医学诊断证明书原件及复印件1份；

"北京市申领生育津贴人员信息登记表"一式两份（用黑色签字笔填写）。

注：以上复印件纸张格式用A4纸。

②提交时间：每月1—10日（婴儿出生后的2个月后办理）。

③经办流程：单位经办人持以上材料上报社保中心，受理审批后30个工作日支付生育津贴费用。

符合享受晚育（满23岁）奖励津贴条件的，夫妻双方应在填写"北京市申领生育津贴人员信息登记表"时选中享受晚育津贴的对象，且夫妻双方本人签字确认，并由双方单位盖章。

夫妻双方均已参加生育保险的，由女方单位填报"北京市申领生育津贴人员信息登记表";女方未参加生育保险,男方已参加生育保险,且由男方享受晚育津贴,则男方单位须填报"北京市申领生育津贴人员信息登记表"(一式两份)并进行申报工作。

(2)生育医疗费用(产前检查)

①所需材料:

生育服务证原件及复印件1份;

婴儿出生证明复印件1份;

医学诊断证明书复印件1份;

所有收据、处方(中、西药费)原件,住院费用明细,按日期先后顺序整理齐全(诊疗费4元可报销);

"北京市生育保险医疗费用手工报销申报表"1份(用黑色签字笔填写)。

②提交时间:每月1-10日(婴儿出生后的2个月后办理)。

③经办流程:参保单位经办人持以上材料上报社保中心,受理审批后30个工作日支付生育医疗(产前检查)费用。

(3)计划生育手术医疗费用(住院费)

①所需材料:

生育服务证原件及复印件1份;

婴儿出生证明复印件1份;

医学诊断证明书复印件1份;

所有收据、处方(中、西药费)、住院费用明细、住院结算清单的原件,按日期先后顺序整理(诊疗费4元可报销);

"北京市生育保险医疗费用手工报销申报表"1份(用黑色签字笔填写)。

②提交时间:每月1-10日(婴儿出生后的2个月后办理)。

③经办流程:单位经办人持相关材料于每月1-20日上报社保中心,受理审批后30个工作日支付计划生育手术医疗费用。

4. 生育保险申请

表5-9 生育保险申请表

职工姓名		性别		身份证号		
就诊医院				医院级别		
生育类别	正常产　侧切　剖腹产　人流　取环　放环　其他　请在选项上打"√"					第（　）胎
发生费用时间		医疗费用总额		联系方式		
配偶姓名		身份证号		工作单位		
＿＿＿同志： 　　是我单位职工，并且符合第＿＿＿胎生育政策，特此证明。 　　　　　　　　　　　　　　计生经办人签字： 　　　　　　　　　　　　　　单位计生办盖章： 　　　　　　　　　　　　　　　　　　　年　　月　　日						
注：男职工配偶无工作单位和无固定收入请填写此栏（现居住地办事处盖章） ＿＿＿同志： 　　是我社区居民，其按计划生育政策生育，无工作单位和无固定收入。特此证明。 　　　　　　　　　　　　　　经办人签字： 　　　　　　　　　　　　　　街道办事处盖章： 　　　　　　　　　　　　　　　　　　　年　　月　　日						
审批意见			经办人： 负责人： 　　　　　　年　　月　　日			

填表说明：

1. 申报单一式两份，财务、生育保险科各一份
2. 申领生育待遇申报材料：婴儿出生证、结婚证、双方身份证原件及复印件，医院收据、费用明细、诊断书、病历复印件，男职工申报生育待遇需另提供夫妻双方户口原件及复印件，二胎的另提供准生证原件及复印件
3. 申领计划生育待遇申报材料：双方身份证、结婚证原件及复印件，医院收据及诊断书、门诊医疗手册，退休职工需持退休审批单复印件
4. 由企业生育保险经办人统一办理

5.7.6 住房公积金

1. 概念

住房公积金,是指国家机关、国有企业、城镇集体企业、外商投资企业、城镇私营企业及其他城镇企业、事业单位、民办非企业单位、社会团体为其在职职工缴存的长期住房储金。

公积金制度实际上是一种住房保障制度,是住房分配货币化的一种形式。组织为职工缴存的住房公积金是职工工资的组织部分,单位为职工缴存住房公积金是单位的义务,享受住房公积金政策是职工的合法权利。

2. 申请条件

凡申请住房公积金贷款的申请人,必须是具有完全民事行为能力的自然人,并具有下列条件:

(1) 户口或有效居留身份;

(2) 有相当于购买(新建商品房、房改房、集资建房、拆迁安置房、二手房)、建造、翻建、大修自住住房所需费用20%以上的自筹资金(购买住房面积在90平方米以下的,自筹资金不得低于房款的20%;购买住房面积在90~144平方米的,自筹资金不得低于房款的30%;购买住房面积在144平方米以上的,自筹资金不得低于房款的40%);

(3) 有稳定的经济收入和按期偿还贷款本息的能力;

(4) 同意以具有全部产权的房产作抵押或以有价证券作质押;

(5) 申请人必须及时足额缴存住房公积金(缴存住房公积金不足1年、间断3个月的不予办理);

(6) 没有住房公积金个贷债务及其他尚未还清的、可能影响贷款偿还能力的债务;

(7) 没有不良贷款记录。

3. 住房公积金开户流程

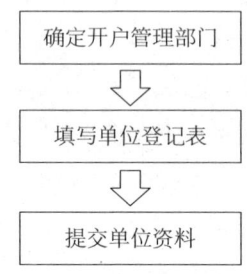

图5-5　住房公积金开户流程图

（1）确定开户管理部门

住房公积金开户办理一般到企业所在城市的住房公积金管理中心下属的分中心和管理部办理开户手续。原则上可以选择就近办理，到距离企业最近的办理点去办理。

（2）填写单位登记表

单位登记表有住房公积金管理中心要求的格式，可以先去办理点领取，填写好盖章后与企业的其他资料一同提交。

（3）提交单位资料

单位登记表；

企业法人经营执照（副本）；

组织企业代码证书（副本）；

法定代表人身份证；

单位经办人身份证。

4. 住房公积金提取条件

（1）购买、建造、翻建、大修自住住房的；

（2）离休、退休或达到法定退休年龄的；

（3）完全丧失劳动能力，并与单位终止劳动关系的；

（4）出境定居的；

（5）偿还所购自住住房贷款本息的；

（6）户口迁出本市，并与单位终止劳动关系的；

（7）房租超过家庭收入5%的；

（8）与单位终止劳动关系，并且住房公积金转入管理中心指定的账户集中封存满2年仍未重新就业的；

（9）职工死亡或者被宣告死亡的，职工的继承人、受遗赠人可以提取职工住房公积金账户内的存储余额；

（10）住房公积金管理委员会规定的其他情况。

【附】住房公积金相关表格

表5-10　住房公积金提取申请表

姓名		公积金账号								
证件类型		证件号码								
单位名称				联系电话						
转入账号信息	姓名	开户行		账户类型			账号			
提取原因	□非按揭购买自住住房　□偿还购房贷款本息　□征地补偿购买增大面积住房 □建造自住住房　□翻建自住住房　□大修自住住房　□在本市租房自住 □离休、退休　□出境定居　□完全丧失劳动能力并与单位解除劳动关系 □离职且户口调离本市　□非本市户口与单位解除劳动关系 □下岗且满一定年龄　□死亡或被宣告死亡　□其他									
	其他的注明原因									
提取总金额		千万	百万	十万	万	千	百	十	元	角	分
本人保证以上材料填写属实。 如有不实，后果自负。 申请人签名：		经审核，情况属实，资料复印件与原件相符。 单位盖章（公章）：								

表5-11　住房公积金汇缴单

单位全称										
单位登记号										
资金来源　□财政　□自筹					汇缴　　年　　月份					
汇缴金额（大写）	千万	百万	十万	万	千	百	十	元	角	分
上月汇缴 人数 金额	本月增加 人数 金额		本月减少 人数 金额			本月汇缴 人数 金额				
备注 支票号码										
单位主管：　　复核：　　制单：										

表5-12　住房公积金补缴清册

单位全称（盖章）					补缴比例				个人比例	
单位登记号					单位比例					
序号	姓名	职工编号	证件名称	证件号码	补缴年月	月补缴基数	月补缴额			补缴金额
							个人	单位	合计	
					年 月至 年 月					
					年 月至 年 月					
					年 月至 年 月					
本页补缴小计		补缴金额合计			个人补缴额		单位补缴额			补缴人数

续表			
补缴合计			
单位主管：	制表：	经办人签字：	制表日期：

5.8 案例呈现

D公司最近发生了一件不小不大的事，成为员工们茶余饭后的谈资。

于是，很多员工在工作休息时间便可听到类似以下的对话：

"知道不，听说销售部肖总跳槽了，他可是咱们公司的销售精英啊！老板竟然也肯放？！"

"还不是因为这次薪资调整的事情吗？调薪表最后是老板定的，说是为了照顾其他员工，只给肖总加了15%。"

5.9 案例分析

调薪可以说是整个公司全体员工最为敏感的事情，调得好且不说，调得不好很可能会造成人才严重流失、员工情绪不满等诸多问题。那究竟该怎么调呢？

调薪的简单法则总结下来只有两个数字：20和80。20%的员工创造80%的企业价值，首先确定企业是为这20%的员工而调薪的，找出这20%的员工。为剩余的80%员工中的80%设置一个覆盖生活成本的调薪幅度，比如CPI增长率、GDP增长率、通货膨胀率、行业增长率等影响劳动力市场价格的因素，选择最符合市场的某个比率作为调薪幅度。

解决80%员工的调薪问题后,企业只需要将注意力放在那个重要的20%上。这20%的员工中的80%基本面临的是结构性调薪问题,换句话说,就是这些人才遇到了职业瓶颈,如果他们不能晋职晋级,加薪是很难的。不过你可以学习一下三星,技术好的人可以成为三星的终身成就技术专家,拿的钱和区域VP一样多,薪资自然不成问题。

第6章
员工培训管理

　　培训是企业人力资源管理中的一个重要环节,企业想要在现代社会的竞争中立于不败之地,就必须重视对员工的培训。员工培训是企业增强竞争力的有效途径,也是激励员工工作积极性的重要措施。

6.1 培训的目的和意义

6.1.1 培训的目的

1. 企业角度

企业的发展是内外因共同作用的结果。一方面，企业要充分利用外部环境所给予的各种机会和条件，抓住机遇；另一方面，企业也要通过自身的变革去适应外部环境的变化。

企业作为一种动态系统，作为企业主体的人也应当是动态的，即企业必须不断培训员工，才能让他们跟上时代，适应技术及经济发展的需要。通过培训，企业可使基层员工在工作中降低因失误造成的损失，提高管理人员的思想素质和管理水平，使之更新观念、改善知识结构、适应组织变革和发展，提高企业高素质人才队伍的质量，这仅仅是培训的目的之一。培训的另一个重要目的是使具有不同价值观、信念，不同工作作风及习惯的人，按照时代及企业经营要求，进行文化养成教育，以便形成统一、和谐的工作集体，塑造企业文化，使劳动生产率得到提高，从而提高企业的整体效益。

2. 员工角度

企业通过培训引导新进员工进入组织，熟悉和了解工作职责、工作环境和工作条件，并适应企业外部环境的发展变化。现代企业对人力资源总体素质提出了新的要求，要求人力资源具有竞争性、学习性、创新性、团队精神等特征。从个体来说，员工要满足现代企业人力资源的要求，必须参加培训接受继续教育。企业员工通过科学合理的培训在知识、技能、效果和态度四个方面得到提高，提高员工适应性，为进一步发展和担负更大的职责创造条件，从而满足员工自我成长的需要，扩展员工价值。员工通过培训获得新方法、新技术、新规则，提高技能，使工作质量和工作效率不断提高，个人的能力与素质不断提高。

培训是人力资源管理者为公司培养人才、提升员工职业发展及为公司打造人才梯形队建设的重要手段，如图6-1所示。

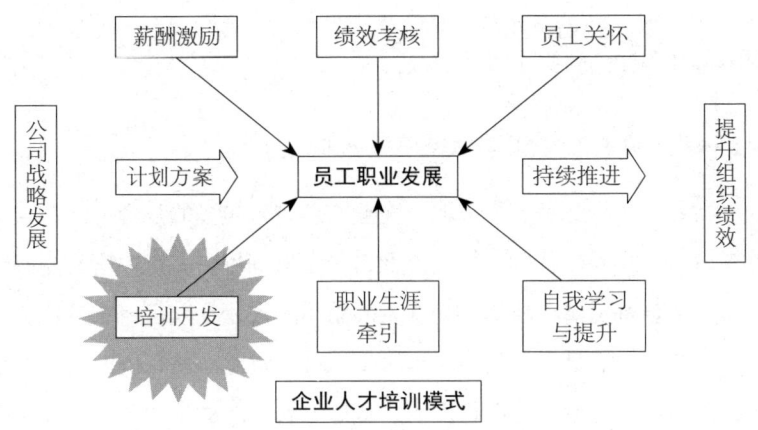

图6-1　员工职业发展与培训

总之，员工的发展与企业的发展息息相关。企业通过培训的方式，提高员工工作绩效从而提高企业效率，进而促进企业员工全面发展与企业可持续发展。

6.1.2　培训的意义

在激烈的市场竞争条件下，企业想要生存发展，就必须有人才、技术、信息、资源做支撑，其中，高质量的优秀人才对企业发展发挥着不可估量的作用。为了给企业可持续发展提供人力资源支持，培训显得尤为重要。培训使员工的知识、技能与态度明显提高与改善，由此提高企业效益，获得竞争优势。具体体现在以下方面。

1. 职业培训能够提高员工的工作能力

员工培训的直接目的就是要发展员工的职业能力，使其更好地胜任现在的日常工作及未来的工作任务。在能力培训方面，传统上的培训重点一般放在基本技能与高级技能两个层次上,但是未来的工作需要员工更广博的知识,培训员工学会知识共享,创造性地运用知识来调整产品或服务的能力。同时,培训使员工的工作能力提高,为员工取得良好的工作绩效提供了可能,也为他们提供了更多晋升和提高薪资水平的机会。

2. 职业培训有利于企业获得竞争优势

面对激烈的市场竞争,一方面,企业需要越来越多的复合型经营人才,为进军世界市场打好人才基础;另一方面,员工培训可提高企业新产品研究开发能力。员工培训就是要不断培训与开发高素质的人才,以获得竞争优势,这已是不争的事实。尤其是人类社会步入以知识经济资源和信息资源为重要依托的新时代,智力资本已成为获取生产力、竞争力和经济成就的关键因素。企业的竞争除了依靠自然资源、廉价的劳动力、精良的机器和雄厚的财力,还要依靠知识密集型的人力资本。员工培训是创造智力资本的途径。智力资本包括基本技能(完成本职工作的技术)、高级技能(如怎样运用科技与其他员工共享信息、对客户和生产系统了解)以及自我激发创造力。因此,这要求建立一种新的适合未来发展与竞争的培训观念,以提高企业员工的整体素质。

3. 职业培训有利于改善企业的工作质量

工作质量包括生产过程质量、产品质量与客户服务质量等。毫无疑问,培训是提高员工素质、职业能力的有效手段,培训能够直接提高和改善企业工作质量。培训可增加员工的安全操作知识;提高员工的劳动技能水平;增强员工的岗位意识,增加员工的责任感,规范生产安全规程;增强安全管理意识,提高管理者的管理水平。因此,企业应重视培训对于员工成长、企业进步的积极意义。

4. 职业培训有利于高效工作绩效系统的构建

随着知识经济的不断发展,科学技术成为员工技能和工作角色的变化的主因，企业需要对组织结构进行重新设计（如工作团队的建立）。今天的员工已不是简单接受工作任务、提供辅助性工作，而是直接参与提高产品与服务的团队活动。在团队工作系统中，员工扮演许多管理性质的工作角色。他们除了具备运用新技术获得提高客户服务与产品质量的信息和与其他员工共享信息的能力，还具备人际交往技能和解决问题的能力、集体活动能力、沟通协调能力等。尤其是培训员工学习使用互联网、全球网及其他用于交流收集信息工具的能力，可使企业工作绩效系统高效运转。

5. 职业培训可以满足员工实现自我价值的需要

在现代企业中，员工的工作目的更重要的是满足"高级"需求——自我价值实现。培训不断地教给员工新的知识与技能，使其能适应或能接受具有挑战性的工作与任务，实现自我成长和自我价值，这不仅使员工在物质上得到满足，而且使员工得到精神上的成就感。企业通过培训能够传播企业精神、企业文化内容，提升核心竞争力，增加凝聚力、员工归属感，从而实现企业可持续发展。

培训的目的不是知识的传授，而在于重构员工的认知模式，从而改变员工的行为。教育不在于知而在于行，如图6-2所示。

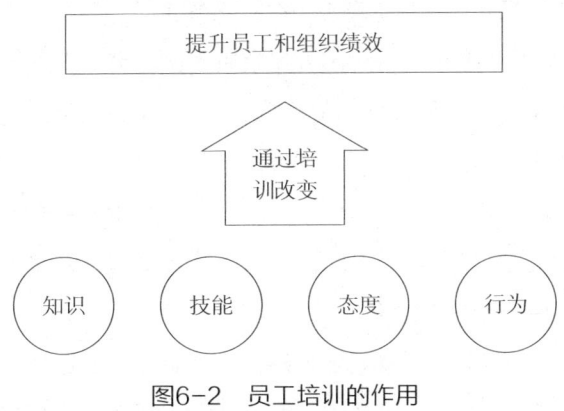

图6-2　员工培训的作用

6.2 HR在培训环节中的任务

HR部门在企业中产生的作用,一直饱受人们争议。大众认识到的HR的职能就是负责招聘员工、员工档案管理等日常性事务;然而,真正的HR的职能远不止如此。

培训是HR培养公司人才、提高员工职业发展及为企业打造人才梯队建设的重要手段。培训为员工提供职业生涯发展的学习平台,因此,企业培训发展应基于公司战略与员工的职业发展。同时,员工在职业生涯的牵引作用下不断提升自己,完善自我,改善个人业绩,进而提高组织业绩。

很多企业为储备管理干部或提升管理干部能力,开展长期的人才梯队培养计划,如营销黄埔军校、主管训练营、中高层管理干部提升计划、店长培养工程、培养师培养计划、储备干部训练营等。

1. 确定培训需求

企业要根据不同的岗位要求、不同员工的优势与不足、不同员工的成长路径等,帮助员工找出当前和今后最需要培训的内容和课程,因人施教,才能达到最理想的培训效果。确定培训需求一般有三条途径。

(1)基于胜任素质确定培训需求。素质是驱动员工产生优秀工作绩效的各种个性特征的集合,是判断一个人能否胜任某项工作的起点,是决定并区别绩效好坏差异的个人特征。

(2)基于绩效完成情况确定培训需求。员工的绩效完成情况是衡量员工能力与水平高低的基本参照物,因此,从员工的绩效表现着手进行分析,是确定员工培训需求的一个重要途径。

(3)基于员工职业生涯发展规划确定培训需求。确定培训需求还可以从企业和团队的未来发展出发,将企业发展所需要的员工素质与员工的职业生涯发展规划有机地结合起来,从而找到具有针对性的培训需求和切入点。

2. 做好培训计划

为了使培训富有成效，HR必须结合自己所负责的领域和部门需要以及员工的实际情况，制订出切合实际的培训计划。培训计划必须能够回答出：为什么培训、培训什么、培训谁、怎么培训、谁来培训、谁来组织培训、什么时间培训等问题。本部门的培训计划应与公司的整体培训计划对接，取得公司培训资源的支持。

3. 监督培训实施

在具体培训计划的实施过程中，HR要处理好部门工作与培训的关系，积极支持下属参加公司统一组织的培训活动，为下属的培训创造各种便利条件，并亲自或指定负责人管理本部门的培训计划，确保培训计划得到顺利落实。

4. 跟进考核评估

培训效果的评估是培训管理的最后环节，也是确保培训取得实效的关键一环。培训评估分为反应评估、行为改善评估和绩效改善评估。反应评估主要是对培训的组织、课程、授课等方面的评估，看学员是否通过培训学到了应该学习的知识和技能等，一般由人力资源管理部门或培训的组织者在培训结束后通过问卷调查、座谈等方式进行。而行为与绩效改善评估则需要HR在员工培训结束后，针对培训内容进行针对性的评估。在培训结束三个月或半年后，HR要结合下属的绩效考核，对照以前的绩效记录，观察和分析学员行为的改善和绩效提高情况，评估下属是否达到了预期培训目标和效果。在评估过程中，HR要建立培训效果落实档案与跟踪评估记录，并纳入个人考评内容，将能力与业绩提升情况作为升职、加薪、再培训等方面的重要依据。

6.3 校园人才成长培训计划

1. 预前学习——从社会感知企业

社会是最好的老师，而市场是了解企业的最佳途径。培训通过设计市场活动，引导刚出校门的大学生从社会角度观察企业、思考问题。这一阶段需要达到以下目标。

（1）让即将加盟的新员工提前认识企业，通过在市场中观察、调研、访谈等方式了解企业在消费者心目中的形象，结合企业的产品、资金、经营目标等重大问题设计市场调查问卷。全面了解并学习企业的产品、营销手段、售后服务以及消费者口碑。

（2）市场作为一只看不见的手，永远处于变动之中，而我们的经验，哪怕是成功的经验，也是处于过去时的静止状态。走进市场不仅可以培养新员工对市场发展方向的认识、观摩整理、分析判断等方面的能力，而且可以获取市场一线信息，为今后工作开阔视野。

（3）每个企业都有自己的发展历史，每一个企业都有许多服务客户、感动客户的故事，新员工只需要采集、挖掘和整理新鲜的市场案例经过就能成为公司品牌和文化建设的活水灵泉，取之于市场，用之于企业。

（4）新员工的作品在企业内刊、新员工培训过程中得到宣传展示，充分给予新员工展示个人风采的平台，这在很大程度上激发了新员工的工作热情，也能加深新员工对企业的认同感和归属感。

2. 综合培训——从培训中认知企业

入职培训的意义在于，通过学习训导的手段，提高员工的工作能力和知识水平，最大限度地使员工的个人素质与工作要求相匹配，进而促进员工现在及将来的工作绩效的提高；帮助新员工调整心态，了解职业通道，储备必要的知识和技能，实现快速上岗。

新员工通过一系列的培训设计历练品性、重塑激情，实现快速转型。

（1）入职培训是首次对新员工进行正面熏陶。这一阶段可以采用多种方式相结合的培训形式，如军训、拓展、文化及职业化课程培训等。主要目的就是让新员工了解企业发展史、企业文化和相关规章制度。

（2）入职培训的核心内容就是了解企业的组织机构及部门职责；熟悉企业当前的业务以及具体的工作流程；通过工作岗位介绍，掌握在职岗位的业务知识以及技能技巧。

（3）刚刚步入社会的新员工就好像是经过粗加工的原料木材，只有通过进一步的加工打磨才能成为栋梁。在了解企业文化、管理、运营的基础上，需要深刻理解工作流程，通过观察或操作去发现工作流程中细节问题。因此，综合培训是新员工培训中必不可少的环节，这是新员工定岗前为岗位集中做准备的阶段。

由此可以看出，培训是解决问题的有效措施。对于企业不断出现的各种问题，培训有时是最直接、最快速和最经济的管理解决方案，新员工可以从综合培训中认知企业，更加迅速地融入企业当中。

3. 真枪实弹——从实习中体验企业

上岗实习的意义在于让新员工了解企业的价值创造环节，直观感受企业产品价值，这对新员工企业价值观的建立具有十分重要的意义。因此，需要设计新员工的上岗实习环节，在岗位上感受企业文化氛围。国内很多大型制造业企业，包括一汽、三一、海尔等，都十分重视新员工上岗实习，并将这一阶段的实习制度化、流程化、系统化。

上岗实习的主要内容

（1）理论培训主要内容包括通用知识、企业知识与产品知识。其中，通用知识包括企业概况、企业精神、企业核心价值观等；企业知识主要包括企业的组织架构、职能职责以及员工管理制度等；产品知识包括产品工艺、生产流程、质量监督、现场管理等。

（2）在职生产阶段又划分为三个步骤，即观摩实习、顶岗实习、轮岗实习。每个环节都有明确的实习目标和实习内容，并且在每个阶段都有明确的过关条件。企业可以制定激励办法鼓励员工在岗位上进行改进、改善，通过奖励，激发员工的见识与能力。

上岗实习的主要形式

（1）导师辅导法：是企业培训的重要手段，它提倡分享知识与智慧，提倡通过沟通与交流提升企业信任感与忠诚度，也有利于培养后备干部和核心员工的责任感和管理水平，实现企业与员工的共赢。

（2）自主学习法：是取得事业成功的必由之路。无论是理论学习还是课堂教学，只有在实践中应用才会有切身的体会，才能转化为自觉的习惯。新员工在遇到问题时，可以马上请教别人，将问题整理归纳，或者查找资料，通过自己的努力解决问题，积累自身经验。

上岗实习通过这两种方法帮助新员工熟悉工作内容，掌握工作技能。这两种方法应结合新员工的个性和心理特点，按照岗位训练的不同阶段展开，重点是塑造新员工的心态，培养其职业价值观和思维模式，传授其工作技能和方法，从而形成良好的职业习惯和素养。

4．正式上岗——从认证起航职场

新员工的培养要"推、拉"结合。所谓"推"，就是各项针对新员工的培训；所谓"拉"，就是学习牵引力。考评或认证牵引新员工自主学习，帮助他们成为合格职业人，在工作中崭露头角、散发光芒。

（1）认证原则

①坚持先培训，后考核，再认证的原则。

②坚持"考试—导师评价—部门评价"三位一体的原则。

（2）认证内容

①熟悉公司政策制度。

②基本技能的掌握（Word、Excel、PPT、OA、即时通软件、打印机、复

印机等工具设备应用）。

③部门业务流程：本部门的业务流程、政策制度及相关上下游部门的业务。岗位技能的认定，主要涉及该岗位的职能职责、工作计划、业务审批等。

（3）认证方式

①述职答辩评价；

②实习总结评价；

③调研报告评价。

6.4　员工入职培训内容及流程

员工培训的内容必须与企业的战略目标、员工的职位特点相适应，同时考虑适应内外部经营环境的变化。一般来讲，任何培训都是为了降低员工流失率，减少新员工适应岗位的时间，展现清晰的职业特征及组织对个人的期望，使员工融入企业文化，提高员工的工作能力从而为公司创造效益。

培训是企业和员工的双赢，培训是企业对员工的一种投资行为，著名的管理大师说："员工是企业唯一的资产。"培训的目的是使员工这一资产增值，如图6-3所示。

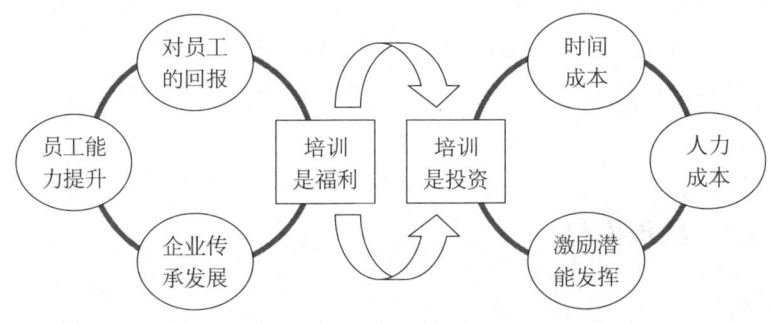

图6-3　培训是福利还是投资

6.4.1 培训内容

（1）介绍企业的经营历史、宗旨、规模和发展前景，了解公司领导组织，企业文化及核心价值观，激励员工积极工作，为企业的繁荣做贡献。

（2）介绍公司的规章制度和岗位职责，使员工们在工作中自觉地遵守公司的规章，一切工作按公司制定出来的规则、标准、程序、制度办理。

（3）介绍企业内部的组织结构、权力系统，各部门之间的服务协调网络及流程，有关部门的处理反馈机制。使新员工明确在企业中进行信息沟通、提交建议的渠道、使新员工们了解和熟悉各个部门的职能，以便在今后工作中能准确地与各个有关部门进行联系，并随时能够就工作中发现的问题提出建议或申诉。

（4）业务培训，使新员工熟悉所在岗位工作内容及流程，掌握所在岗位专业知识及相关技能，从而迅速胜任工作。

（5）介绍企业的经营范围、主要产品、市场定位、目标顾客、竞争环境等等，增强新员工的市场竞争意识。

（6）介绍企业的安全措施，让员工了解如何做好安全工作，如何发现和处理安全工作中发生的一般问题，提高他们的安全意识。

（7）介绍企业以员工行为和举止的规范。如关于职业道德、环境秩序、作息制度、开支规定、接洽和服务用语、仪表仪容、精神面貌、谈吐、着装等的要求。

（8）介绍员工福利、薪酬标准及绩效考核标准。

（9）员工心态及情绪调整等岗前职业化训练。

6.4.2 培训流程

在设计合理的培训流程之前，应综合考虑以下因素，如图6-4所示。

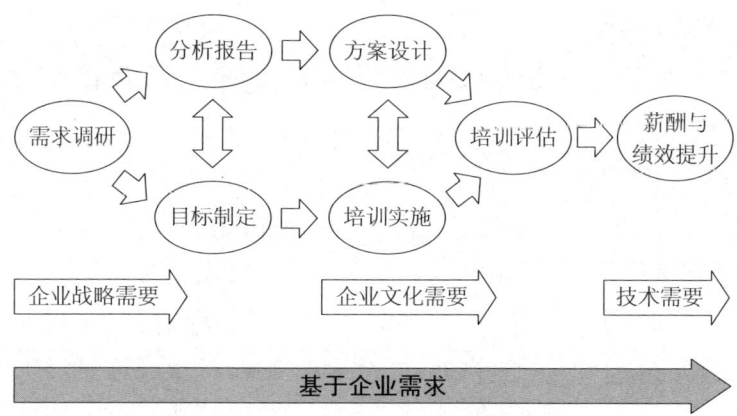

图6-4 培训流程设计应考虑的问题

1. 培训准备阶段

（1）培训需求分析

培训需求分析是指通过对企业及其员工的目标、技能、知识等方面进行系统的鉴别与分析，寻找员工现有状况与应有状况的差距，以确定是否需要培训及培训内容的一系列活动过程。如何做好员工培训需求分析，对准确把握公司内部员工培训脉搏，有效提高员工队伍整体素质，实现公司大变革、大发展有着极其深远的意义。

培训需求分析一般包括组织分析、任务分析与个人分析三项内容。培训需求分析是确定是否需要培训的一个过程。

（2）培训目标确定

确定培训目标是员工培训必不可少的环节。培训目标是指培训活动的目的和预期成果。目标可以针对每一培训阶段设置，也可以面向整个培训计划来设定。

有了明确的培训总体目标和各层次的具体目标，对于培训指导者来说，就确定了实施教学计划，积极为实现目的而教学。对于受训者来说，明确学习目的之所在，才能少走弯路，朝着既定的目标不懈努力，才能达到事半功倍的效果。

（3）培训预算

开展培训活动，一定要有必要的经费保证，因此，为了使培训活动顺利开展，增加培训效益，事先进行准确的经费预算是十分必要的。

（4）员工培训调查

表6-1　员工培训需求调查表

姓名		性别		年龄	
部门		职务		入职时间	
您认为培训对于自身发展的作用		□开阔视野　□提高技能　□端正态度　□增加知识 □增强沟通　□可升职、加薪　□其他			
如何有效激励员工积极参与培训		□与其绩效考核挂钩，直接影响其绩效工资 □建立奖励机制，对积极参与培训的员工进行奖励 □让员工感受到参与培训对工作能力提升等方面的实际价值 □其他			
您认为过去一年为员工设计的培训最让您满意的是		□培训组织与服务　□培训内容和教材　□培训时间的安排　□培训方式和手段　□培训讲师的水平　□对实际工作的帮助　□培训的频率　□每次培训时间的长短　□其他			
您认为培训安排在什么时间比较适宜		□双休日　□上班期间　□下班后　□其他			
您喜欢哪种培训方式		□课堂讲授　□操作示范　□游戏培训　□模拟培训 □多媒体试听　□案例研讨　□专门指导　□其他			
您期望的培训时间安排		□上午　□下午　□晚上　□周末　□其他			
您希望参加的培训课程		□质量管理培训　□自我发展类培训　□管理与领导能力培训　□专业技能培训　□职业素养培训　□其他			
您认为合适的培训频率		□每月一次　□每两月一次 □每季度一次　□每半年一次			
您对培训的需求大吗		□很大　□大　□一般　□很小　□小			
您经常参加，但没有解决实际问题吗		□非常不符合　□不符合　□一般　□符合　□非常符合			
您认为对员工来说，每次培训课多长时间最适宜		□4个小时　□3个小时　□2个小时　□1个小时			
您乐意接受的方法		□讲授法　□讨论法　□案例教学法　□经济交流 □游戏法　□情景模拟　□其他			
您希望培训的地点在哪里		□公司大厅　□公司会议室　□公司办公室　□其他			

（5）培训预算执行

表6-2 培训预算执行表

培训项目		培训时间		培训地点	
培训方式		培训性质		学员人数	
序号	预算项目	预算金额（元）		实际金额（元）	差额（元）及原因
1	培训费				
2	培训场地及设备租金				
3	培训讲师住宿费、餐饮费及交通费				
4	培训学员住宿费、餐饮费及交通费				
5	培训教材费				
6	培训组织费				
7	……				
	费用合计				
预算审核	培训项目负责人意见 签字 年 月 日	人力资源部经理意见 签字 年 月 日		总经理意见 签字 年 月 日	
备注	培训组织费包括资料费及印刷费、胶卷费用、横幅费用等				

2．培训实施阶段

（1）培训方案设计

培训方案的设计是培训目标的具体操作化，即目标告诉人们应该做什么，如何做才能完成任务、达到目的。

（2）培训目标的确定

确定培训目标会给培训计划提供明确的方向。确定了总体培训目标，再把培训目标进行细化，就成了各层次的具体目标。目标越具体、越具有可操作性，越有利于总体目标的实现。

（3）培训内容的选择

培训内容一般包括三个方面，即知识培训、技能培训和素质培训。

知识培训的具体形式可表现为组织员工听讲座或者阅读相关专业的书籍，获得相应的知识。技能培训即是对员工使用工具、按要求做好本职工作、处理和解决实际问题技巧与能力的培训，使员工迅速熟悉工作内容及流程。素质高的员工即使在短期内缺乏知识和技能，也会为实现目标有效、主动地进行学习。

（4）培训对象的确定

根据培训需求、培训内容，可以确定培训对象。岗前培训是向新员工介绍企业规章制度、企业文化、岗位职责等内容，使其迅速适应环境。即将转换工作岗位的员工或者不能适应当前岗位的员工，可以进行在岗培训或脱产培训。

（5）培训教师的确定

员工的培训成功与否和他的培训指导教师紧密相关。教师不仅仅传授知识与技能、端正学习态度，而且是受训人职业探索的帮助者。企业应该优先选择有强烈教学欲望、表达能力强、有广博理论知识、丰富实践经验、扎实的培训技能、热情且受人尊敬的人为培训教师。

（6）培训日期的选择

通常情况下，有下列四种情况之一时就需要进行培训：新员工加盟企业，员工即将晋升或岗位轮换，环境的改变要求不断地培训老员工，满足发展的需要。以上情况应确定合适的培训时间，何时开始、何时结束，并确定培训周期。

（7）培训方法的选择

企业培训的方法有很多种，如讲授法、演示法、案例分析法、讨论法、视听法、角色扮演法等。各种培训方法都有其自身的优缺点。为了提高培训质量，达到培训目的，企业应根据企业业务工作性质和培训者自身特点来选择合适的培训方法。

（8）培训场所和设备的选择

培训场所有教室、会议室、工作现场等。以技能培训为内容的，最适宜的场所为工作现场，因为培训内容的具体性，所以许多工作设备是无法引进教室或会议室的。培训设备包括教材、模型、幻灯机等,最终由培训内容和培训方法决定培训场所和设备。

3. 培训评价阶段

培训评估是一个运用科学的理论、方法和程序,从培训项目中收集数据,并将其与整个组织的需求和目标联系起来,以确定培训项目的价值和质量的过程。培训评估体系,既可检验培训的最终效果,又是规范培训相关人员行为的重要途径。

(1)确定评价标准

评价标准的确定通过四个步骤实现:分解评价目标;拟定具体标准;组织有关人员讨论、审议征求意见加以稳定;实行与修订。

(2)培训控制

培训控制贯穿于整个培训实施过程中,即根据培训的目标、员工的特点等调整培训系统中的培训方法、进程等。培训控制要注意观察,善于观察;积极与培训师沟通;抓住培训目标的大方向;与受训者及时交流,了解真实反映;要运用适当的方式。

(3)结果评价

培训结果评价就是对培训效果转移的评价,即指对员工接受培训后在工作实践中的具体运用或工作情况的评价。具体是指对培训目标、方案设计、场地设施、教材选择、教学管理以及培训者的整体素质等各个方面培训效果进行评价。

4. 培训反馈阶段

员工培训的反馈阶段是员工培训系统中的最后环节。企业通过对培训效果的具体测定与量化,可以了解员工培训所产生的效益,把握企业的投资回报率;也可以对企业的培训决策及培训工作的改善提供依据,更好地进行员工培训与开发。

（1）培训成绩评定

表6-3　培训成绩评定表

姓名		岗位		所属部门	
学历		受训时间		培训机构	

受训心得（培训启发下想到的对公司的建设性意见或个人对本次培训内容的收获，15分）
签字/日期：

考核说明：
1. 请根据员工实际回答及评定项目内容描述，在对应的选项内打"√"
2. 评定项目中的15分与10分分值为，优、良、中、差四个标准，对应分值分别为（15分：15-12-9-6，10分：10-8-6-4）

评定项目	内容描述	分值	评定等级			
			优	良	中	差
对企业基本情况的了解	1. 了解公司经营理念 2. 能随口说出公司理念 3. 对经营理念理解和认同 4. 能就公司理念说出自己的感悟	15				
对公司价值的了解	1. 了解公司存在的意义 2. 了解公司的社会使命 3. 了解公司利益与社会利益的关系 4. 了解自己的利益与公司利益的关系	15				
对公司概况的了解	1. 能画出公司组织架构图 2. 了解各部门的工作职能 3. 了解公司产品特征、优点 4. 了解并接受公司Logo及形象识别标识	15				
对公司规章制度的了解	1. 基本了解公司一些规章制度 2. 了解公司的大部分规章制度 3. 明白公司规章制度的内容及要求的流程 4. 清楚并知悉规章制度的适用范围及各项规定	10				
对所在岗位的了解	1. 是否了解工作流程 2. 是否了解公司上下关系的重要性 3. 是否了解公司横向的联系、合作关系 4. 是否做一件工作有始有终	10				

续表

对指示、命令的重要性	1. 是否了解上司的指示、命令的重要性 2. 指示、命令若有不明了之处，是否确认到懂为止 3. 是否复诵指示、命令，加以确认 4. 是否遵守指示、命令	10				
培训过程中的整体表现	1. 是否了解培训的目的与意义 2. 在培训过程中，能保持较积极与认真的态度 3. 积极参与，并能提出自己的见解 4. 对所施予培训工作项目的清晰了解	10				
分值及对应等级	A：80分以上　B：70~79分 C：60~69分　D：60分以下	合计得分				

（2）培训意见反馈

表6-4　培训意见反馈表

评价人		部门	
培训课程		培训地点	
培训时间		讲师	
培训意见反馈	1. 课程内容如何 您的建议：	□优　□好　□尚可　□劣	
	2. 教学方法如何 您的建议：	□优　□好　□尚可　□劣	
	3. 培训时间是否适当 您的建议：	□优　□好　□尚可　□劣	
	4. 讲师的表达能力如何 您的建议：	□优　□好　□尚可　□劣	
	5. 讲师现场互动能力 您的意见：	□优　□好　□尚可　□劣	

续表

您认为此次培训需要改进的地方在哪里	
您下一步需要哪方面的培训	

6.5 不同人员的培训

6.5.1 管理人员培训方案

1. 明晰管理职能

管理者:通过别人来完成工作,管理者制定决策,分配资源,指导别人的行为以达到工作目标。

管理的职能:计划、组织、领导、控制。

(1)计划:定义组织目标,建立达到目标的策略。

(2)组织:确定要完成的任务,谁来承担这些任务,如何归类,了解上下级权责关系,在哪一级做决策。

(3)领导:激励下属、指导别人的活动,选择最有效的沟通渠道,解决成员之间的冲突,积极发挥领导的职能,使工作有序开展。

(4)控制:当目标设定,形成计划,结构安排妥当,雇用、训练、激励员工以后,仍然存在着某些事情发生混乱的可能性。为了保证能向预期的方向发展,管理者必须对组织的绩效进行监控。必须把实际的绩效与事先设定的目标进行比较,如果有重大偏离,管理者的工作就是使组织回到正确的轨道上来，这种监控、比较和对可能犯的错误进行纠正就是所谓的控制功能。

2. 管理者心态培训

（1）打开内心之门，虚心听取别人的意见

为了了解别人的想法和经验，无论别人讲什么样的事情，都要打开自己的内心之门，虚心听取别人的意见。

（2）不要独占讲话时间，注意双向交流

为倾听更多的建议，讲话要简单明了，把更多的讲话机会让给别人。

（3）讲话不要跑题

按照讨论的主题，要把别人的方法经验和自己的方法经验联系起来。

（4）摆正心态，积极听取反对意见

每个人都有自己的看法及意见，不要对反对意见生气不满，也不要担心，要具有平易近人的对话精神。

（5）静下心来，交换意见

一个人的想象力、知识、经验有限，必须静下心来经常吸取别人好的意见，因为只有团结才能提高集体的战斗力。

3. 管理者技能培训

（1）技术技能

应用专门知识或技能的能力，一般是指使用某一专业领域内有关的工作程序、技术和知识完成组织任务的能力（一般基层管理人员要求较高）。培训是员工迅速掌握专业知识及技能的有效手段。

（2）人际技能

是指与处理人事关系有关的技能，即理解、激励他人并与他人共事的能力。无论是独自一个人还是在群体中与人共事，都必须要有理解别人、激励别人的能力，许多人在技术方面是出色的，但在人际方面却有些欠缺。因为管理职能主要是通过别人来做事，所以，管理者必须具有良好的人际技能，才能实现有效的沟通、激励和授权。

（3）概念技能

概念技能是指纵观全局，认清为什么要做某事的能力，也就是洞察企业与环境之间相互影响复杂性的能力。具体包括：理解事物的相互关联性，从而找出关键影响因素的能力；确定和协调各方面关系的能力；权衡不同方案优劣和内在风险的能力；等等。

4．管理者领导能力的培养

（1）不要把领导能力和所谓表扬、鼓励等弄混，要记住，在组织保持良好的人际关系，也是为了积累工作成绩、达到组织目标。

（2）要注意了解每个人的意欲和情况，发挥符合每个人特点的领导能力。

（3）要记住，让每个管理者把他们的想要实现自我价值的欲望，在组织中充分发挥，这对工作的进程起着重要的作用。

（4）在日常管理中，努力尊重下属的创意，创意在自由发言的气氛中产生。

（5）要细心、努力地让组织中的所有人互相交流、互相沟通。

（6）要记住，把组织看成集体，要发挥集体所固有的力量。

（7）主动去熟悉、了解下属，注重表扬和提醒要领。

5．行为模拟

行为模拟是指在设定的情景下，展示所需行为的方法。它给受训者提供机会练习、模仿管理行为，并积极接受反馈意见。

（1）学习要点：在培训之初，主要的课程目标已经被罗列出来。在这种情况下，学习要点就是准备教授的一系列行为表现，学习要点可以是描述如何给予员工反馈的步骤。

（2）典型：受训者观看电影或者录像，这些电影或录像主要是描述一位模范的管理者如何与员工交流从而提高员工的工作表现，典型、具体地展现了如何处理各种情景并演示学习要点。

（3）实践与角色扮演：受训者参与到模型所显示的情景中去。培训的绝大多数时间用于技能实践的锻炼上。

（4）反馈与强化：由于受训者的行为逐渐地接近典型的行为表现，因此培训者与受训者给予积极地反馈，如关注、鼓励、赞美、表扬。将排练的情景拍摄下来，并给予反馈和强化。培训的重点在于将有效的行为表现转移到实际工作中去。

6.5.2 专业技术人员队伍培训

1. 培训目标

（1）公司积极组织专业技术人员队伍培训，根本目的是实现公司需求和个人发展相统一，切实推进专业技术人员的专业能力不断拓展和提高，确保严格履行岗位职责的能力。

（2）让新加入公司的技术人员了解公司所能提供给他的工作情况及公司对他的期望和要求；明白自己工作的职责、加强同事之间的关系；提高员工解决问题的能力及提供寻求帮助的办法。

（3）通过培训，进一步提高专业技术人员的如下素质和技能。

①强烈的责任心。每个专业技术人员工作成绩的衡量不是以工作时间的长短，而是以其责任心和完成工作量来衡量的。"态度决定一切"，只有在工作中具备强烈的责任心，才有可能在工作中做出好成绩。

②较强的自学能力。在当今如此激烈的社会竞争中，一个不善于学习，接受不了新知识、新方法、新技能的人是没有什么潜力可挖的，更无发展前途可言。

③较强的应变能力和突破精神。在不断改革和竞争激烈的今天，只有未雨绸缪，才有能力迎接新的挑战。任何事物都不可能一成不变，我们不应满足于现成的成绩和工作方式，而应不断尝试新的方法。

④较强的团队合作精神。个人的力量是有限的，只有发挥整个团队的作用，达到团队效益最大化，才能克服困难，获得更大的成功。

⑤较强的沟通技巧。管理的精要在于沟通。同事之间、上下级之间由于不善于沟通而产生隔阂，逃避不是解决问题的根本办法，沟通要讲究方法和技巧，善于沟通才容易被大家接受和认可。

2. 原则和要求

（1）按需施教、务求实效的原则

根据公司所承包项目的需要，分层次、分类别地开展内容全面、形式灵活的培训，增强培训的针对性和实效性，确保培训质量。

（2）分级管理、分级培训的原则

（3）坚持高效性、自主性的原则

建立技术人员培训情况反馈制度，建立将培训过程的考核情况及结果与本人培训期间的奖金挂钩的机制，实现技术人员自我培训意识的提高。

3. 培训内容与形式

（1）在培训形式上，要结合公司承建项目实际情况，因地制宜、因材施教，采取灵活多样的培训形式；在培训方法上要把授课、角色扮演、研讨、现场观摩等方法相互结合。选择最佳的方法和形式，组织开展培训。

（2）由各专业总工程师定期进行专题技术讲座，进行技术规范、新工艺、新材料及质量管理等专业技能方面的专项培训。

6.5.3　生产人员培训方案

1. 培训目的

（1）使学员掌握新知识和新技能，接受新观念和新理论，开阔知识面和视野，增强学员的职业竞争能力。

（2）使公司新的生产线尽快上马投产，进一步增加公司的市场竞争力。

（3）调整员工的思想意识、价值观和行为规范，理解和贯彻公司的战略意图，调动积极性，增强凝聚力。

（4）根据公司整体的战略规划，提高生产人员的专业技能，强化市场管理，提高企业市场占有率，增强企业在市场中的竞争能力。

（5）掌握与新生产线有关的知识。

（6）了解或掌握新生产线的管理知识和技能，进一步增强公司的文化。

2．培训原则

（1）传统培训体系原则

①培训的战略性原则

培训是企业战略的体现，同时，培训工作在企业发展中具有战略地位。

②培训目标与企业目标相统一的原则

培训以公司总体目标的实现为中心，旨在提高企业的核心竞争能力、获利能力及获利水平。

③培训的系统性原则

培训工作是一个系统工程，它涉及企业发展的方方面面。

④培训的实用性原则

主要体现在：培训内容和培训对象的针对性、培训形式的多样性、培训方式的灵活性等方面。

⑤理论与实践相结合、学以致用的原则

符合公司培训的目的，在传播先进理念、传授专业知识的基础上，提高员工解决实际问题的能力。符合成年人的学习规律，注重实践操作。

⑥专业技能培训与组织文化培训兼顾的原则

⑦全面提高与重点培养相结合的原则

（2）现代培训体系原则

现代企业培训体系建设的六个原则包括：基于战略原则；动态开放原则；保持均衡原则；满足需求原则；全员参与原则；员工发展原则。如图6-5所示。

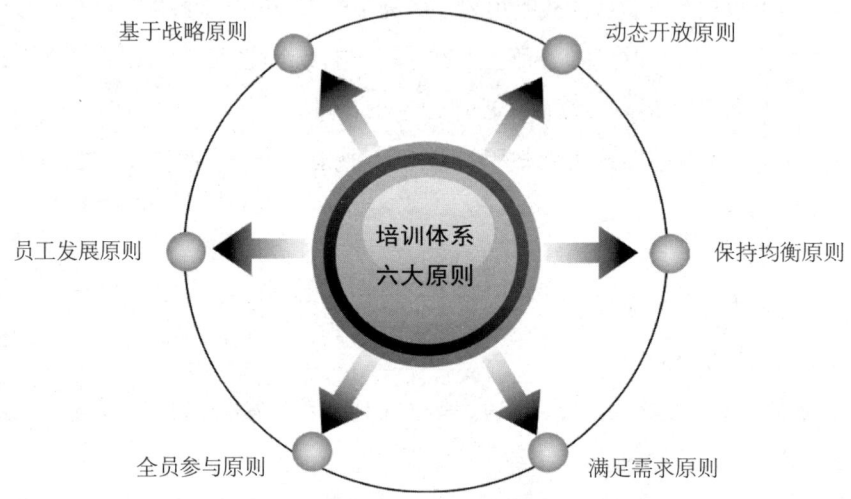

图6-5　培训体系原则

3. 培训内容

（1）生产技术科组织培训教师、教材教案等资源，安排培训时间、地点。

（2）提前将培训事项通知到培训对象。

（3）协助授课教师实施培训，落实出勤签到制度。

（4）培训结束后，保留相关记录，记录包括培训实施计划、培训试卷、成绩、标准答案、考勤、签到表等，并建立、健全公司生产职工培训档案。

（5）对培训效果进行跟踪调查和评估，填写培训效果评估表。

（6）将培训效果回馈给培训教师，以便开展对下步培训工作的改进。

6.5.4　营销人员培训计划

1. 培训目的

（1）提升整体市场营销部人员的专业技能，从而提高企业运营的效益和效率，迎接企业内外部环境的挑战。

（2）完善公司文化的建设，使公司文化深入人心，加强部门凝聚力。

（3）促使新员工更快地融入市场营销部，并满足老员工自身发展的需求。

2. 培训原则

（1）系统性原则。员工培训是一个全方位、贯穿于员工整个职业生涯的系统性工作。

（2）主动性原则。员工培训要求员工积极参与和互动，发挥员工的主动性。

（3）多样性原则。员工培训要充分考虑培训对象的层次、类型，考虑培训内容和形式的多样性。

3. 培训内容

（1）从信念、价值观和目标规划进行教育，纠正刚入职人员错误的就业观念和职业理念。只有在正确的观念引导下，新员工才愿意配合企业，才能认同企业。

（2）新员工培训采用教育引导的方式。人到了一个陌生的环境就会感到恐惧，企业要从企业理念、企业价值观、企业文化等方面对新员工进行教育引导，消除新员工对公司的陌生感，同时，要主动关心新员工的工作与生活，增加员工对企业归属感和认同感。

（3）讲述企业所在环境产品的市场潜力，让新人感觉到自己到了一个有前景、有未来的公司，而自己销售的产品是有生命力的产品。当新人了解了公司是什么的时候，就应该让他们明白自己的工作岗位，了解公司的相关制度，让新人明白在这家公司可以做什么，不可以做什么。

（4）新人需要明白的是如何开展自己的工作，这时候企业需要有针对性地明确公司可以提供哪些支持，帮助新员工对企业文化和业务有一定了解，为新员工提供其本职工作的业务技能及行业知识的基本信息，帮助新员工快速适应企业文化，尽早熟悉业务，并且快速在岗位上找到自身存在感。

6.6 如何建立内部培训体系

1. 从战略上讲，内部培训体系的建立应该以提升企业核心能力、聚焦于企业未来发展战略作为目的

（1）企业的核心能力归根到底是由员工团队的核心素质决定的，员工团队的核心素质又是由每个岗位员工所具有的能力来提升的。若两个企业岗位设置完全一样，怎么样让其中一个企业比另外一个企业更具竞争力和创造价值的能力？答案是让该企业的员工能力更强，让岗位员工能够做更多、更具有绩效的事情。

（2）企业培训目的要从企业需求中追溯，国内著名培训专家徐盛华老师提出，就是把企业目前战略与业务发展所需的培训寻求挖掘出来，形成关键需求指标，量化后逐个击破。思考企业未来发展战略，将要进军的领域，如何在同一行业、同一领域中做出与众不同的产品，这些就是在培训中需要考虑的企业未来发展的问题。在进行企业内部培训体系的建设方面，要更多地考虑到这些因素。

（3）内部培训体系所需要达到的是一种自动自发性机制。这种机制来源于参与培训对员工的利益驱动，也来自于约束制度形成的推动效果。受到

激励体系的拉动，员工更加愿意学，更加乐于去参加公司想要他参加的培训项目。

2. 从战术上讲，可以通过以下几个方面激励内部培训体系

（1）建立培训的责任机制

部门负责人对本部门部内培训负责，计入月度考核指标；副经理以上人员制定年度保底讲课时数，未达到保底讲课时数者，受到相关考核处罚。

（2）员工实行培训积分制

只有达到一定培训积分的员工，才有享受相关的调薪晋级的资格。

（3）建立培训激励机制

所有参与讲课的员工，按照授课规模的不同，享有一定的讲课津贴。鼓励员工书写管理案例，并通过公司组织的评定后，给予一定的津贴奖励。鼓励员工报考相关资格证书，并且对于通过者给予相关的证书补贴。

（4）开发多种培训模式

在开展普通的内训和外训的基础上，开发具有企业特点的案例分析、经验分享等多种模式的培训课程，来真正达到全员参与培训、使培训工作聚焦于企业实际的要求。

（5）设立不同培训标准

通过岗位分析，结合企业核心能力和未来发展对员工的要求，不同岗位不同级别的专业技能、知识要求、经验要求，设立不同的培训标准。培训标准的设计以不同岗位级别的能力标准作为基础，将培训标准作为员工职位和级别晋升的能力标准的考察方面，作为晋升的必备条件。

3. 培训体系建设的难点

（1）难以实现培训课程设计同企业发展战略和人才发展的衔接。

（2）难以确定培训需求与企业在发展中的问题的本质究竟是什么。

（3）培训投入与产出难以量化。

（4）内部培训师专业队伍建设的缺失。

（5）企业文化与经验技能的传承浮于表面，不深入。

（6）培训评价与培训反馈落实得不彻底。

（7）培训模块与人力资源模块衔接不到位。

6.7　培训方式方法的选择

企业培训的效果在很大程度上取决于培训方式的选择，当然，企业培训的方法有很多种，不同的培训方式具有不同的特点。要选择合适、有效的培训方法，需要考虑培训的目的、培训的内容、培训对象的自身特点及企业具备的培训资源等因素。

培训方法简单归类详见表6-5所示。

表6-5　培训方法归类

课堂讲授法	操作示范法	多媒体视听法	E-learning教学
案例研讨法	师徒式培训法	小组讨论	户外拓展
角色扮演法	头脑风暴	游戏教学法	教练式培训法
沙盘模拟	情景高尔夫	五星教学法	行动学习法

不同的培训方法适用于不同的培训场合，培训方式的选择要综合考虑员工的特点、培训师的组织及授课能力等因素。因此，培训师要根据自己的特长及学员基础、授课环境等综合考虑运用哪种培训方式。

常用培训方法介绍及优缺点对比详见表6-6所示。

表6-6 培训方法优缺点比较

培训方法	定义	优点	缺点
讲授法	最基本的培训方法，培训讲师按照讲义系统地向学员传授知识	经济、高效；有利于学员系统地接受新知识；容易掌握和控制学习的进度；有利于加深理解难度大的内容	单向传授，不利于双向互动，比较枯燥；不能满足学员个性需求；培训师水平直接影响培训效果，传授方式不利于成人学习
研讨法	在培训师引导下，学员围绕一个或几个主题进行交流，相互启发，有集体讨论、分组讨论、对立式讨论等形式	强调学员的积极参与，有利于学员培养综合能力；多向式信息交流加深对知识的理解，提高运用能力；形式多样，适应性强，可针对不同的培训目的	对研讨题目和内容的准备要求较高，对指导培训师的要求较高；题目要具代表性和启发性，难度要适当，并事先提供给学员做准备
专题讲座法	针对一个专题进行的课堂讲授	时间形式灵活；可随时满足员工某一方面的培训需求；讲授内容集中在某一专题，学员易于理解	内容系统性较差
工作指导法	由指导者在工作岗位上直接对员工进行培训，也称教练法或实习法，应用最普遍，具有很强的实用性，是员工培训的有效手段	经济、实用、有效；适用范围广泛	受指导者能力的限制
工作轮换	受训者在预订时期内变换工作岗位以获得不同的工作经验	能丰富受训者工作经验；增加对企业的了解；了解自己的长处和弱点，找到适合的位置；增强部门之间的合作和理解	鼓励通才化，适合一般直线管理人员的培训，不适合职能管理人员的培训
个别指导法	师傅带徒弟的培训方式	新员工可以避免盲目摸索；有利于新员工快速融入团队；消除新员工的紧张感；有利于优良传统的延续；新员工可以获得相关的经验	指导者可能保留自己的经验，使指导流于形式；受指导者本身的水平影响很大；不利于工作创新

续表

培训方法	定义	优点	缺点
案例分析法	内容真实,案例中应包含一定的管理问题,案例必须有明确的目的	参与性强,将提高解决问题的能力融入知识传授中;教学方法生动;学员之间能够通过案例分析达到交流的目的	案例准备时间长、要求高;对学员和顾问的能力要求高;无效案例可能会浪费时间
头脑风暴法	研讨会法,激发创造性思维,互相启迪	为企业解决实际问题,提高培训收益;学员参与性强;有利于加深学员理解;集中集体智慧,达到相互启发的目的	对顾问的引导要求高;讲授的机会少;主题挑选难度大,解决实际问题对会受到学员能力的限制
管理者训练	针对管理者的系统培训,理解管理的基本原理和知识,从而提高管理能力	管理知识的系统性好;可以大规模实施培训	成本较高;学员需要脱产训练

6.8 培训效果评价与转化

柯氏四层次评估模型：柯氏四级评估是由美国著名培训专家柯克帕特里克创立的。

1. 培训效果评估的四个阶段

详见表6-7所示。

表6-7 培训效果评估四阶段

层次	评估内容	评估方法	评估时间	评估主体
反应评估	员工对培训课程培训师的满意程度	问卷调查 座谈访谈	课程结束	培训机构 培训组织者
学习评估	学员对培训内容的掌握程度	提问、笔试 口试、心得体会	课程接受 课程进行	培训机构

续表

层次	评估内容	评估方法	评估时间	评估主体
行为评估	通过培训，学员的行为是否发生变化	问卷调查、观察、绩效评估、360°绩效评估	3个月或半年后	直接主管
结果评估	培训对公司业绩是否产生积极影响	事故率、品质、生产率、流失率、士气、成本、收益	半年或1年后	学员所在组织

2. 培训转化的五个阶段

（1）培训前确定部门或老板的需求，希望培训后员工有明显变化，比如，了解了哪些是老板希望的行为，哪些是老板不想看见的行为。

（2）培训时，着重对部门负责人或老板的期望弥补的差距进行练习，让员工找到弥补差距的工作方法。

（3）培训后，安排一段时间的跟踪，这个跟踪人一定是参训员工的主管上级。培训部门要做的是设定好跟踪的表格、内容等工具，让跟踪者能非常方便地执行，而且跟踪的方式要与日常管理工作相融合。不能额外增加工作量，否则，会加大参训员工的工作负担。

（4）检查。跟踪期间，培训管理者要定期与这些部门负责人进行沟通，了解他们的问题，并予以帮助。

（5）对效果的转化，需要培训公司给出工具性的、实用的后期跟进指导，再结合公司培训组织者的配合，在每次培训后提供跟踪性的工具，方便生成培训效果转化。

6.9 互联网形势下的培训业务

随着科技的日新月异，高科技的培训方式广泛应用于工业领域、学术领域和军事领域。互联网培训，主要是指通过公共的（因特网）或私有的（内部局域网）计算机网络来传递，并通过浏览器来展示培训内容的一种培训方式。

互联网形势下的培训业务的显著特点如下。

1. 强调系统性

组织形态管理专家杨少杰老师说：中国企业发展到今天正逐渐走向成熟，越来越多的企业摆脱了盲目的培训方式，对于培训的辨别能力越来越强，但是未来问题不在于如何辨别，而在于如何选择。

企业在面对众多可供选择的培训方式时，显得有些盲目而贪心，一边青睐研讨法的低成本，一边又眼红管理者培训的高效率，如此左顾右盼，摇摆不定，反而浪费时间和精力。这个时候，企业需要的是系统性培训。

所谓系统性培训，是指管理培训要注重每个流派的不同层次特点，熟悉一个流派之后，再学习另一个流派，要顺序学习，融会贯通。通过比较发现各自特征，从而达到触类旁通，最终形成企业自身独特的管理风格，这是企业文化的重要组成部分。在这个过程中，企业不能断章取义、生搬硬套、随便嫁接、急功近利，一味追求效果，而忽视逻辑性。中国企业的文化特征一直不明显，这是其中的一个重要原因。

也正因如此，在未来，培训系统性必将是一种个性化、定制化的企业培训体系。为企业量身定做培训系统，这也将对人力资源管理职能提出的更高要求——对企业可持续发展做出的最优选择。

2. 内容更加多元化

互联网时代最大的特点是不受空间限制来进行信息交换。随着互联网发展日趋成熟，企业问题也将变得越来越复杂，而培训需求更加分散，培训内容更加多元化，同时，培训市场上的培训产品也将更加丰富。

在知识、思想大爆炸的同时，企业头晕眼花，出现"有病乱投医"的现象。但需要提醒的是，思想多元化不是概念多元化。中国从来不缺乏概念，思想需要具有科学逻辑和理论依据，而概念仅仅是思想的表层体现。概念一直以来深受管理者偏爱，是因为概念便于按照管理者的意志进行随意转化，成为有力的管理工具。很多西方管理思想被"拿来"以后只剩下概念，有时甚至连概念都翻译错误，一旦通过企业培训运用在实践中，自然会出现"水土不服"的现象。未来企业培训不会停留在概念层面，而是探索思想的精髓，服务实践。

3. 知识更新速度加快

目前，中国开始全面深化改革，在"大众创业、万众创新"的大环境下，企业也积极寻求新的发展方向和突破口，力求开拓创新。

市场需求分散，知识（思想、概念）就会成火山喷发的趋势，就会出现培训产品日益丰富的现象。以前一个培训（产品）受人追捧风靡一时，企业争相采购。未来出现这种一家独大的可能性很小，未来更可能呈现各领风骚的局面，培训产品都会因为具有自己的独特性，而能够获得不同类型企业的青睐，企业选择"适合的"而不是"流行的"，这也是企业培训走向成熟的一种表现。

知识更新速度加快，也意味着人才更迭速度加快，对今天的企业精英而言，知识更新将是最大的挑战，当然这也给新人创造了更多的机会。

4. 技能训练更加普及

技能训练是提高员工培训实战能力的关键步骤，要求培训师和员工共同创造实战企业培训情景，在实战中培养员工从事培训需求分析、培训项目设计、培训效果评估的实际能力。企业通过培训技能训练，使员工结合实际的企业环境和具体的培训活动，更好地掌握员工培训相关的理论、方法和策略。

为保证技能训练的实际效果，指导教师必须全程参与学生的技能训练过程，及时发现问题、解决问题。在技能训练开始之前，指导教师应编著具体的技能训练指导书，详细规定技能训练的目标、内容和要求，并设定详细的考核标准。

在互联网形势下的技能训练更多地采用电脑化培训方式，电脑辅助指导系统将培训技能材料以交互方式直接传输到电脑终端，以此提供操练与实践、解决问题、情景模拟、游戏指导以及完善的个性化教育指导等功能。

5. 内容更加具体化

在互联网时代，企业培训需求也从"集中化"转向"碎片化"，其类型、内容、形式等也都将发生改变。培训需求越分散，培训内容越要具体化。未来企业培训着眼点在"精"，与企业"专业立足、思维制胜"的人才成长规律相匹配，由表及里、由浅入深，才能实现培训的最终目标。

从目前来看，中国市场经济体制改革的持续进行，将为企业提供前所未有的发展空间，但也为企业变革带来空前挑战，可借鉴的经验越来越少，需要自我创新的领域越来越多，这时更需要基础扎实。只有脚踏实地，才敢仰望星空，否则很容易迷失方向。

6. 塑造"多专多能"型人才

从互联网时代的发展趋势和发展特征上可以看出，企业人才标准将发生明显改变，以前"一专多能"型人才备受企业青睐，而在现代市场环境中企业更需要"多专多能"型人才，也就是说企业需要能够胜任多种不同类型工作的复合型人才，面对不断变化的市场，不同类型、领域的培训开始相互渗透与融合，这与企业发展变化过程相吻合。

专家指出，复合型人才应不仅在专业技能方面有突出的经验，而且应具备较高的相关技能。比如随着IT技术完全融入银行、保险、证券等行业之中，复合型人才将在未来几年内十分抢手。

人才标准的改变将导致企业培训体系发生根本性改变，培训目标是提升人才的价值，虽然这不是单纯通过培训所能实现的，但是企业培训必须为人才价值创造必要条件。

无论形式怎样变化，培训的根本目标都不变：支撑企业持续发展，适应时代变化对企业的要求。企业培训更应该符合互联网时代的趋势来发展，才能更好地受益。

关于网联网形势下的培训业务相关思考如下。

（1）如何培养员工快速适应运用互联网的方式与思维（流量思维、用户思维、迭代思维、消费主权等）来适应互联网时代的发展？

（2）如何满足客户的个性化需求，实现人力资本与消费者价值的最大化？

（3）如何利用互联网来组织培训活动，如混合式培训、微学习、碎片化学习、团队共创？

（4）如何利用互联网的培训设备及网络公共学习平台？

（5）如何更好地利用在线教育与E-learning方式？

（6）培训师如何线上线下教学，吸引粉丝学员？

（7）互联网时代的学习该如何评估与考核？

6.10 案例呈现

E公司是一个发展历史悠久的百货有限公司。E公司对新员工的入职培训别具一格，采取的是时间长、重操作、全面性的培训方式。为了做好入职培训，E公司在全球各地都设立了培训店。E公司一般会在新店开业前半年开始招聘新员工，并组织新员工到邻近的培训店接受3~6个月的实习培训。新员工到培训店实习并不确定具体的岗位，而是要在3~6个月内接受公司文化、信息系统、业务运营、管理政策等各方面的培训，以全面了解一个卖场是如何运作的。

实习培训期间最为重要的培训就是"1-30-60-90计划"，即在新员工入职的第1天、30天、60天、90天分别会有四次侧重点不同的入职培训。E公司认为，员工入职的这四个日子都是非常关键的时期，培训一定要配合员工这个时期的心理变化和对公司、业务了解的变化。

新员工在入职培训的第1天，要接受企业文化的培训，听培训师讲述E公司的创建和发展历史，以培养员工的荣誉感和自豪感，另外还要知道如何运营，等等。

E公司的新员工在接受第1天的入职培训后，还将分别在第30天、60天和90天与管理层或人力资源部的负责人一起，进一步了解E公司的企业文化和规章制度。这样，E公司既可以了解新员工对企业文化的适应度和上下级之间的融合度，又能帮助其更快适应并融入E公司团队。

6.11 案例分析

E公司之所以成为外资独资企业的佼佼者，原因有很多。而最关键的是它其始终将员工视为最大财富，注重对员工的培训与提升，搭建有效的员工培训平台，以培训打造一流的服务团队。而新员工入职培训不论对企业还是员工个人都显得尤为重要。希望对E公司新员工入职培训制度的研究，能为我国企业完善员工培训体系提供一些借鉴。

E公司让员工了解E公司的创建和发展历史，可以培养员工的荣誉感和自豪感；通过培训，能够让员工知道如何和其他部门员工沟通，并通过参观走访来熟悉公司和运作方式。E公司这种严格而又不失主动、有趣的培训计划，不仅使公司在本国得到巨大发展，而且影响到世界各地，使世界各地的优秀精英积极踊跃地加入到E公司的销售大军当中。

第7章
劳动关系与用工风险防范管理

每当经营出现问题,企业就会将所有的矛头指向管理,一时间,管理风险成了众矢之的。而用工风险,是人为导致的影响管理工作不能向着预定发展的因素,也是产生管理风险的关键因素。

7.1 新员工试用管理

7.1.1 试用期限有效约定

试用期指的是包括在劳动合同期限内,劳动关系还处于非正式状态,用人单位对劳动者是否合格进行考核,劳动者对用人单位是否符合自己要求也进行考核的期限,这是一种双方双向选择的表现。在试用期内,劳动者和用人单位必须根据相关劳动合同,依法履行自己的职责。在试用期满后,用人单位根据劳动者的表现进行判断,来决定是否留下劳动者。当然,这是一个双向选择的过程,劳动者也已经对企业的福利和文化等方面有一个大致的了解,从而决定去留。

《中华人民共和国合同劳动法》第十九条规定:劳动合同期限三个月以上不满一年的,试用期不得超过一个月;劳动合同期限一年以上不满三年的,试用期不得超过二个月;三年以上固定期限和无固定期限的劳动合同,试用期不得超过六个月。试用期限的规定有效地保证了用人单位,尤其是劳动者本身的合法权益。试用期过长,劳动者的合法权益就会受到损害,因为在试用期期间的待遇全部都低于正式员工。但是如果试用期太短,用人单位就无法对劳动者做出有效的考核。

《劳动法》规定:同一用人单位与同一劳动者只能约定一次试用期。一次试用期就能够使用人单位对劳动者的基本素质,包括劳动能力、道德修养、基本技能等方面,有一个大致的了解。

以完成一定工作任务为期限的劳动合同或者劳动合同期限不满三个月的,不得约定试用期。并不是所有的工作都需要试用期,对某些没有太大的技术含量的工作岗位而言,劳动者能够很快地了解工作的基本性质。比如装卸工、建筑工地力工、餐馆洗碗工等没有什么技术含量的工作,过长的试用期是对劳动者合法权益的一种侵害。

7.1.2 新员工试用期考核

试用期期间,用人单位将依照劳动者在工作期间的表现来决定劳动者的去留。一般情况下,企业都有相对应的试用期的考核条款,对劳动者在试用期间应该履行的职责做出明确规定。在试用期结束后,劳动者将根据相关规定做出陈述,用人单位根据劳动者的陈述以及在工作期间的表现来决定是否与劳动者签署劳动合同。一般情况下,企业对劳动者的考核主要包括以下几个方面。

1. 工作能力

工作能力指的是为达成组织期望的工作业绩,所必须具备的完成所在岗位工作的能力,尤其在关键业务领域的能力满足公司对岗位的要求。一般情况下,对于员工的基本能力考察,主要包括对岗位的熟识能力、学习能力、工作效率、工作质量等方面。同时,专业知识、专业技能、团队意识、人际关系等方面也是考察员工工作能力的重要因素。

2. 工作态度

"态度决定一切",仅仅拥有超强的工作能力是不够的,作为员工还必须拥有端正的工作态度。不迟到、不早退,及时地完成布置的工作任务,这是一个企业对员工最基本的要求。当然,要成为一个优秀的员工,要更严格地要求自己,在工作态度上要做到持恒稳定,勤勉工作,笃行不倦,脚踏实地,任劳任怨。在工作上有旺盛的进取意识,不断创新,精益求精。

3. 工作成果

要求员工在短短几个月的试用期内为企业创造很大的业绩是不现实的。然而通过布置一些工作任务,观察劳动者的完成情况还是能够估测出试用期期间的员工是否具备胜任这一工作的基本能力的。一个能够完成工作任务的人基本可以判断是有计划、有组织的，对工作及时跟进，注重结果。工作成果也从一定程度上反映了员工的工作态度及工作能力。

在现实情况下，不同的企业对员工的要求是有不同的侧重的。比如，有的工作可能对员工的创新性要求更高，而在员工的纪律性方面可能管理比较宽松。但总体情况下，一个企业对员工进行考核，通常是综合其工作的总体素质。一个劳动者要想顺利地通过试用期，就应该提高工作能力，端正工作态度，从而取得令人满意的工作成果。

试用期考核详见表7-1所示。

表7-1　试用期考核表

填表日期：　　年　　月　　日

姓名		入职时间		职位	
出勤时间					
项目	评价要点	评分标准	自评分	用人部门评分	合作部门评分
适应性	是否了解并遵守公司的各项规章制度；是否了解本职工作职责、工作程序及公司情况（10分）	被动接受公司的各种信息，不主动了解工作职责和程序（1~4分）			
		基本了解工作职责和工作程序，能够遵照执行（5~7分）			
		主动搜集与本岗位有关的信息，了解并遵守公司的各种规章制度（8~9分）			
		主动搜集与公司有关的各种信息，能够对工作职责和工作程序提出建设性意见；熟知并遵守公司的各项规章制度（10分）			
工作能力	在工作实践中是否掌握了业务知识，并把理论知识与业务知识更好地结合起来（12分）	知识和经验不足，常常出错，需要加以指点（1~6分）			
		具备目前工作所必需的知识和经验（7~9分）			
		具备丰富的知识和经验，能克服困难，做好工作（10~11分）			
		具备丰富的知识和经验，能够胜任比目前更重要的工作（12分）			

续表

理解能力	对上级指示、指导的理解能力（12分）	理解能力较差，需要反复指导（1~3分）			
		理解能力一般，需要加以提示（4~6分）			
		对上级的指导、训示能够理解，不需要他人帮助（7~9分）			
		理解能力较强（10~11分）			
		思维灵活，并能举一反三（12分）			
人际关系	是否能尽快融入新环境与他人友好交往（10分）	沉默寡言，不善于与他人交谈（1~5分）			
		与他人交谈较少，仅限工作往来（6~7分）			
		很快与同事和其他部门的员工建立友好的往来（8~9分）			
		善于广泛与他人交往，建立良好的人际关系（10分）			
责任心	对履行责任的态度如何，在实际工作中是否敢于承担责任（12分）	对工作漫不经心，没有责任感（1~3分）			
		能够完成任务，但有时较草率（4~7分）			
		工作认真，并能克服困难完成任务（8~10分）			
		有责任感，工作尽心，敢于承担责任（11~12分）			
判断力	对工作中出现的问题做出判断与估计的能力（8分）	经常出现判断失误，琐微之事举棋不定（1~3分）			
		判断过程需要较长时间，并偶有失误（4~6分）			
		判断正确、迅速（7~8分）			

续表

进取心	不断学习与工作有关的新知识,接受新观念的能力（10分）	常常在困难面前退缩（1~4分）			
		满足现状,不思进取（5~6分）			
		能运用所学的知识,做好本职工作（7~9分）			
		工作精益求精,善于学习与工作有关的新知识,提高工作能力（10分）			
合作性	能否同周围的同事搞好关系,齐心协力搞好工作（10分）	经常关心自我利益,与同事合作共事有困难（1~3分）			
		能够与他人合作,不产生摩擦和冲突（4~6分）			
		乐于与他人合作,共同完成本部门工作（7~9分）			
		以集体利益为重,与任何人都能合作,并对他人施以好的影响（10分）			
勤奋性	工作是否勤奋努力,是否遵守工作纪律（8分）	缺乏工作热情,工作不主动（1~4分）			
		能够遵守工作纪律,完成工作任务（5~7分）			
		工作勤恳认真,经常提前完成工作任务（8分）			
工作效果	工作效果如何（8分）	经常出错或失误,不能单独工作（1~2分）			
		偶尔出错或失误,需要加以指导（3~5分）			
		工作效果良好,能够胜任（6~7分）			
		工作成绩优秀,有发展潜力（8分）			
总分	100分				

续表

参考标准：85分以上优秀，建议正式录用；60~84分良好，建议延长试用；低于60分，建议调岗或予以辞退	
考核意见	用人部门意见： 签名：	总经理意见： 签名：
备注：平均得分由人事部核算 此表作为是否通过试用期或是否转正的依据，由人事部存档	

7.1.3 试用期解聘管理

试用期期间，企业将根据员工的表现以及相关的规章制度，对员工的工作做出评价。在试用期内，企业可以依据《劳动法》的条款解除与劳动者的合同。

1. 试用期解聘条件

（1）在试用期间被证明不符合录用条件的；

（2）严重违反用人单位的规章制度的；

（3）严重失职，营私舞弊，给用人单位造成重大损害的；

（4）劳动者同时与其他用人单位建立劳动关系，对完成本单位的工作任务造成严重影响，或者经用人单位提出，拒不改正的；

（5）因本法第二十六条第一款第一项规定的情形致使劳动合同无效的；

（6）被依法追究刑事责任的；

（7）劳动者患病或者非因工负伤，在规定的医疗期满后不能从事原工作，也不能从事由用人单位另行安排的工作的；

（8）劳动者不能胜任工作，经过培训或者调整工作岗位，仍不能胜任工作的。

除上述情形外，用人单位不得在试用期内解除劳动合同。

2. 试用期解聘注意事项（相关法律条例）

（1）要书面说明理由，并签署回执。依据《劳动合同法》第二十一条规定，用人单位在试用期内辞退员工，除应具备上述法定辞退劳动者的情形外，还应当向劳动者说明辞退理由。这里的"说明理由"，《劳动合同法》没有规定必须采用书面形式，但为了便于举证，建议用人单位采用书面形式，并且要求劳动者签收。

（2）要有证据证明不符合录用条件。根据《劳动合同法》第四十条规定，对于用人单位依据试用期解聘条件第7或第8项情形辞退劳动者的，应提前30天以书面形式通知劳动者本人或额外支付劳动者1个月工资。用人单位选择额外支付劳动者1个月工资解除劳动合同的，其额外支付的工资应当按照该劳动者上1个月的工资标准确定。

（3）用人单位依据试用期解聘条件第7或第8项情形与试用期内劳动者解除劳动合同的，应向劳动者支付半个月工资的作为经济补偿金。

（4）用人单位应当在解除或者终止劳动合同时出具解除或者终止劳动合同的证明书，并在15日内为劳动者办理档案和社会保险关系转移手续。

（5）特别注意的是：企业应在用工之日起1个月内签订书面劳动合同，超过1个月，企业还不盖章，就要支付双倍工资。

这些具体的规定极大地保障了劳动者的合法权益，让企业不能够随随便便以"你不符合我们单位的要求"为由解聘劳动者。企业必须拿出相关的证据以及依据才能够解聘劳动者,并且以书面的形式对解聘劳动者的理由做出说明。这将作为以后在与劳动者发生法律纠纷时有效的证据。当然,企业也应该为劳动者进一步就业提供相应的帮助。

7.1.4　试用期风险管理

对于企业来说,选用新人是一项风险投资。投资得好,就能够给企业带来极大的经济效益;投资得不好,可能会给企业带来一系列的麻烦和风险。比如,企业劳动合同签订的不当或者与劳动者在试用期期间产生纠纷,都会在一定程度上给企业带来经济和人力的耗损。做好试用期风险管理,就意味着对试用期劳动者的工作动态进行很好的监控以便尽量减少试用期风险。

对于企业来说,首先要仔细研读相关法律后,再进行劳动合同的制订。劳动合同是保证企业和劳动者双方权益的一个最好的保障,也是双方在发生纠纷时有力的证据。企业和劳动者要在本着自愿、公平、平等的原则,并依据相关法律法规签订劳动合同。其次,在员工的试用期期间,企业要做好对新员工的指导和培训以帮助新员工更好、更快地适应新的工作以及工作环境。争取让新员工尽快地成为企业的一部分,为企业的发展做出贡献。最后,企业要对员工进行文化宣导,使新员工能够真正爱上所属企业,融入企业之中,积极参与到企业文化建设中来。这样就能够最大限度地降低企业的人力投资风险,使人力资源最大限度地发挥作用,促进企业的发展。当然,企业也要建立风险防范机制,一旦新员工在试用期期间出现问题或者纠纷,企业能够拿出切实可行的措施来予以解决,以保证企业的合法权益。

7.2 新员工转正管理

7.2.1 新员工试用期评价

新员工在试用期期间的评价主要包括评价什么？由谁来评价以及怎样评价新员工的工作表现呢？

试用期期间的评价，主要依据公司相关的规章制度、劳动合同以及员工的工作表现等方面。评价的内容通常包括员工的工作能力、工作态度、工作结果三方面。当然，不同的公司必须要结合自己的企业文化进行调整，以寻找适合企业文化、能够最大限度地给企业带来效益的员工。比如，一个致力于设计的公司，可能更加重视员工创造性和团队合作能力等因素。

在评价者方面，主要包括外部人员的评价和员工自身的评价。外部人员的评价首先来自于直属上司的评价。他们通常对员工的工作状态有一个整体的了解，包括员工的优点和不足。由他们进行的评价往往更加接近员工工作的本来状态。第二点则是公司相关的人力资源管理人员的评价。他们由于拥有较为深厚的理论修养，因此往往能够更好地鉴别员工的整体素质是否与公司的发展相吻合。员工本人的评价也是必须要考虑的一个重要因素。经过一段时间的工作，员工对自己是否能够胜任这个工作以及是否能够融入这个公司有了一定的了解，自我评价为我们认识和了解员工提供了一个不同的视角。当然在这个过程中，要有所鉴别，看哪些符合事实的客观情况。

在如何评价方面，当前较为盛行的是采用表格打分的方式，一项项的具体化以力求客观公正。同时，企业还会采用书面叙述或者述职的方式来全面地对员工进行评价。企业将会根据员工的表现予以打分来决定员工的去留。

7.2.2 试用期转正流程

员工在试用期满后,根据自己的表现提出转正申请,填写转正申请书,并上交给部门主管;部门主管将考核意见和转正报告意见递交行政人事部,对于不合格者予以退回或者要求其重新填写;经行政人事部综合考评同意转正后,报董事长审批。

员工转正申请审批详见表7-2所示。

表7-2 员工转正审批表

第一部分:员工个人述职报告			
姓名		部门	
现任职位		试用合同起止时间	
个人述职报告 签名:　　　　　　日期:			
第二部分:转正审核表			
直属上级意见	签名:　　　　　　日期:		

续表

部门经理意见	
	签名：　　日期：
人力资源部意见	
	签名：　　日期：
总经理意见	
	签名：　　日期：

员工试用期转正具体的流程如图7-1所示。

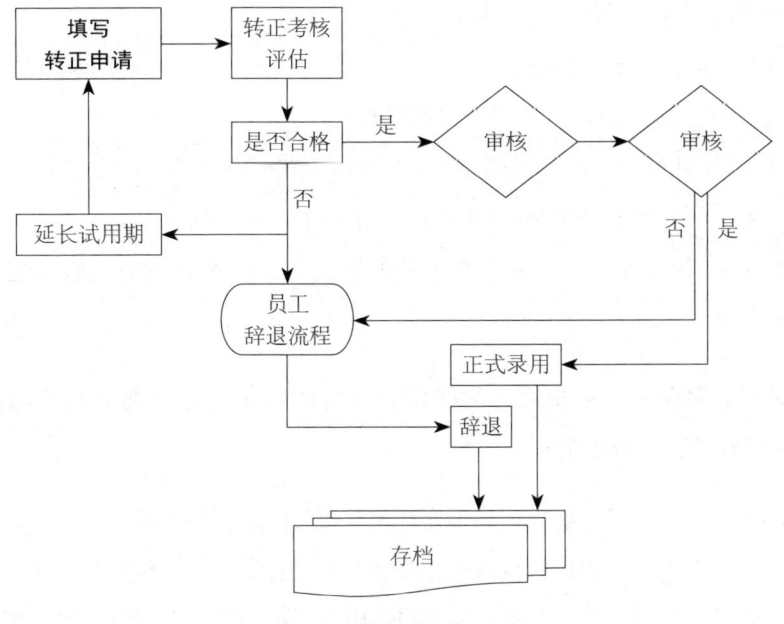

图7-1 试用期转正流程图

7.2.3 新员工转正风险防范

新的《劳动合同法》实施后,企业和员工产生纠纷的概率大大增加。而新员工的转正作为人力资源管理的初始环节,它不仅是企业最先可能遭遇法律风险的时点,而且这一环节处理的好坏对劳动关系存续的整个过程都会产生巨大的影响。

新员工转正的风险包括两个不同的方面。

1. 试用期考核不合格,对员工予以辞退

这时风险主要来源于员工对企业给予的辞退理由或者待遇方面不满而与公司产生纠纷。主要的防范来自于前期劳动合同的签订以及对员工不符合转正要求证据的提供。在《劳动合同法》框架下,企业在试用期合法解除劳动合同须

同时具备以下四个条件，缺一不可。

（1）企业有录用条件；

（2）有证据证明员工不符合录用条件；

（3）企业解除劳动合同通知书应当在试用期拟出；

（4）解除通知书要说明理由并在试用期内交员工签收。

企业对不能转正的新员工必须要根据以上条件做好说明，防止与员工产生纠纷。

2．试用期考核合格后，为了防止人才的流失，企业要及时安排员工进行体检，签订劳动合同

向新员工介绍其工作内容、工作环境及相关同事，使其消除对新环境的陌生感，尽快进入工作角色，将新员工顺利导入现有的组织结构和公司文化氛围之中，为员工的转正做好准备。如果员工出现了拒签劳动合同的情况，则企业必须要根据相关规定给出解决办法。

7.2.4　新员工转正后续安排

新员工转正之后，公司要协助员工办好入职手续，签订劳动合同。

在录用新员工时，根据现实的经验，可能存在不同的风险，值得企业注意。

1．录用通知"暗藏的风险"

企业首先要注意的是新员工的体检与发放录用通知之间的时间关系，以防止企业在发放录取通知书之后而员工体检查出身体问题不能胜任工作给公司带来的经济损失。

一方面，因为在录用通知发出后，如果企业因员工体检不合格而拒绝录

用，则很容易被视为就业歧视，引起诉讼风险。

另一方面，可以降低企业的解聘成本。企业必须要在员工体检之后，确认其身体健康之后，再发放录用通知书。企业还需要注意劳动合同和录取通知书之间的关系。很多企业在与劳动者签订劳动合同之后，就不管之前的录取通知书，但是这样存在着很大的法律风险。如果录用通知书和劳动合同规定的条款发生冲突，则到底以哪一项为准？在与劳动者发生法律上的纠纷时，出于保护劳动者权益的心理，相关部门很有可能做出对企业不利的判决。企业最好在录用通知书上附加一条（员工与企业签订劳动合同后，一切以劳动合同为主），这就有效地避免了这个问题。

2．相当多的企业忽视了入职审查

在实践中，很多企业都不重视入职审查，加上《劳动合同法》对双重劳动关系的间接承认，轻视入职审查将对用人单位用工带来很大风险。如果劳动者与其他单位没有解除劳动合同，而企业招用了这类员工而给其他企业带来了经济损失，则该企业必须承担连带责任。为了防范以上风险，企业必须进行严格的入职审查，防止类似事情的发生。《劳动法》还规定如不对新员工进行入职审查，劳动者以假学位、假证书等欺诈手段入职的，则劳动合同无效。这就要求企业必须对员工进行严格的审查，以避免法律纠纷的产生。

7.2.5　入职关键信息审查

入职关键信息的审查能够有效规避企业的法律风险。在各种各样的求职者良莠不齐的情况下，对求职者关键信息的审查对一个企业来说是规避用工风险的重要举措。一般情况下，新员工入职以后，我们要对以下信息进行审核。

1. 员工学历审查

在当今学历造假屡见不鲜的情况下，企业应该严格核查求职者的毕业证书和学位证书，并上相关网站上进行核实。诚信第一，一个员工如果连自己的学历都造假，那么其他方面的信息难以予以保证，企业对于录用思想品德有问题的人必须慎之又慎。

2. 相关证书审查

对于求职者提供的相关证书，企业要登录相关网站进行审查，一旦发现弄虚作假现象，就要严格给予处罚。

3. 员工的相关实习和工作经验审查

企业可以通过联系相关单位的方式进行审查，尤其是一些关键的实习经历。不少人心存侥幸心理，认为这些实习经历没有人会去核查，因此肆无忌惮地乱填乱写。企业必须要去审查类似信息，这也是对员工的人格素质的一个考察。这些远远还是不够的，企业还应该对员工与其他企业签署的劳动合同书进行审查，防止承担连带责任，从而有效地规避法律风险。

4. 员工身份证信息的核查

企业对员工身份的核查，可以到身份证上所提供的派出所地址走访查询。入职关键信息审查详见表7-3所示。

表7-3 关键信息审查表

新员工姓名			入职日期	
序号	办理事项	审核方式	审核结果	备注
1	学历信息	通过专业网站（例如学信网等）核查学历真实性	□符合□不符合	
2	身份证信息	有疑点时到相关派出所核实	□符合□不符合	

续表

3	相关证书	通过相关专业网站（官网）核实证书真实性	□符合□不符合
4	离职证明	应届生不需要	□符合□不符合
5	体检报告	入职时需要提供	□符合□不符合
6	其他		□符合□不符合

7.3 在职管理

7.3.1 劳动合同的签订

劳动合同，是指劳动者与用工单位之间确立劳动关系、明确双方权利和义务的协议，具有一定的法律效益。劳动合同能够明确企业和劳动者双方的权利和义务，对双方都能够起到一个很好的保护作用。对劳动者来说，签订劳动合同就意味着自愿进入该企业工作，遵守企业的规章制度并且依法履行自己的职责，完成自己的工作。对企业来说，签订劳动合同就意味着企业必须依法给劳动者提供相应的报酬和福利，保障劳动者的合法权益。要想签订一份科学、规范的劳动合同，必须要遵守一定的规范和顺序。

1. 认真审查劳动者的主体资格

劳动者的主体资格的审查包括劳动者身份的审查。HR必须要求员工提供身份证原件及复印件，以便公司审查。用人单位应让劳动者提供学历、资格的原件及复印件，并让其签字确认提供的原始证件是真实的，同时对劳动者提供的工作经历也应让其进行书面确认，以便对劳动者学历、资格及工作经历进行审查，使劳动者明确"若有虚假，愿意承担一切法律责任"，从而有效地规避公司用工风险。其他还包括审查劳动者与其他用人单位是否还存有劳动关系，对劳动者的身体状况进行审查。认真审查劳动者的主体资格可以规避企业风险。

2. 双方履行告知义务和权利

劳动者和企业必须本着自愿、平等、协商的原则，对一系列出现的问题进行平等的协商。根据《劳动合同法》第八条规定，用人单位应如实告知劳动者工作内容、工作条件、工作地点、职业危害、安全生产状况、劳动报酬的相关内容，以及详细解答劳动者要求了解的其他情况。而劳动合同同样要对劳动者需要履行的义务做出规定。

3. 签署劳动合同

劳动合同文本应该提前一天时间交给劳动者查阅，从而对于双方要协商的情况，有一定的时间进行沟通，达到有效沟通、协商一致的目的。双方当事人应该一起当面签字，再由企业统一盖章。盖章要做到最后盖印公司公章，每页还要有骑缝章。这样做的主要目的是保障劳动合同的合法性和有效性，防止被别有用心的人篡改。盖章完成后，企业和劳动者各持一份以作为凭证。

对于部分不愿意签订劳动合同的，企业可以拒绝录用。

7.3.2　如何建立员工的归属感

员工归属感是指员工经过一段时期的工作，在思想上、心理上、感情上对企业产生了认同感、公平感、安全感、价值感、工作使命感和成就感。这些感觉最终内化为员工的归属感。员工的归属感的建立是一个漫长而艰难的过程，但是对于企业来说，也是必不可少的。劳动合同只是保证了员工去履行自己的职责，然而想要员工把企业当家一样去奉献，去投入，这就必须使员工对企业建立归属感。

归属感的建立要求企业不仅仅给员工提供最基本的薪资水平和福利待遇，而且更重要的是从精神和文化上对员工进行心理渗透，让员工从工作中获得成就感。建立员工的归属感可以从以下几个方面着手。

1. 员工的归属感首先体现在工资和福利上

衣、食、住、行是人们生存最基本的需要，买房、买车、购置日常物品、休闲娱乐等都需要金钱，这都要依靠员工在公司取得的工资和福利来实现。在收入上，让每个员工都满意是一件比较艰难的事情，但是，人力是资本，而不是成本，更不是包袱，所以在待遇上满足员工最基本的生活需求才能在最基本的层面上留住人才。

2. 员工未来的职业规划是赋予员工归属感的重要组成部分

每个人都会考虑自己在企业中的位置与价值，更会注重自己未来价值的提升和发展。企业在各个方面都充分考虑到将员工本身意愿、素质条件与公司的战略计划相结合，从而实现员工自我价值与公司效益最大化的双赢，这是企业增强魅力、吸引人才的重要手段。

3. 注重每个员工的兴趣是增强员工归属感的重要手段

兴趣是最好的老师，有兴趣才能自觉、自愿地去学习，这样才能做好自己想做的事情。兴趣所在也是提高绩效的最大动力。

4. 对员工进行不懈的培训教育是培养员工归属感的有效手段

培训是成功实现活性化的条件之一。对员工培训的高度重视是那些成功组织所拥有的一个共同特征。企业通过培训教育活动促进员工个人的全面发展，同样可以增强员工对组织的信任，增强员工的归属感。

5. 保障劳动者的付出和收获成正比

劳动者付出得越多,自然就越希望能够拿到更多的回报。出现不公平的现象会极大地挫伤劳动者的工作积极性,甚至带来劳动者之间的恶意竞争。

6. 企业要以人为本,真正把员工当人来看

如果企业本着劳动者就是企业赚钱的工具这种观念,则不能真正地尊重劳动者本人。在这样的企业文化之下,劳动者也不可能对企业产生感情。企业要建立一种平等、包容、开放的企业文化,使每个人在企业中都有平等的发言权,尊重劳动者的建议和观点,尽量减少官僚主义和绝对的权威主义的产生。

7. 领导者要树立榜样形象

一个真正好的领导人要做到开明、礼贤下士、胸怀坦荡,既能够放权,又能够在整体上对企业的发展方向进行把握,引导企业的发展方向。

7.3.3 用福利激励员工工作积极性

福利是薪酬体系的重要组成部分。员工福利是企业或其他组织以福利的形式提供给员工的报酬,是员工对企业产生较高满意度的一个关键性因素。企业采取福利薪酬,目标是使员工行为与企业行为保持高度一致,有效地将广大员工团结在一起,实现企业利润最大化。要最大限度地发挥福利的作用,我们可以从以下几个不同的方面着手。

1. 使企业的福利制度与员工的绩效挂钩

员工的工作业绩越好,获得福利就越多。福利从本质上讲是一种补充性报

酬，既然是报酬，那么应当以员工支付合理劳动为代价。这样便能够最大限度地激发劳动者为了获得更好的福利而努力工作。

2. 建立条文清晰的福利制度并且及时告知员工

公司应该将福利制度打印成册，人手一本，保证每个人都知道自己的绩效和福利的关系。一定要让员工知晓企业有什么福利，不同的福利对自身的要求是什么，明确自己应该朝什么方向去努力。这是企业应尽的义务，也是尊重员工知情权的需要。

3. 要区分福利层次，保证公平、公正、公开

要规定什么样的福利属于保障性福利，是全体员工都应享有的；什么样的福利属于绩效性福利，只有工作绩效达到时才能享有，而且达到不同的绩效，享受不同的绩效福利。在绩效的鉴定过程之中，要保证信息的公开透明化，上级领导不能随心所欲地根据个人喜好来改变员工的福利而导致其他员工内心产生愤懑之情，损害员工的工作热情和积极性。

4. 适时增减福利项目

在市场经济下，企业的绩效会随着市场的经济状况产生变化，公司的福利制度不可能一成不变。公司的福利制度要结合公司业绩的浮动而逐渐完善，使员工真实地感受到公司的命运与自身息息相关，而不是存有混吃等死、公司跟自己没有半毛钱关系的消极心理。当公司的整体业绩上升了，公司可以对员工的整体福利有一个提升；而当公司的业绩下降了，也要适当地降低员工的福利待遇，以更好地激发员工努力工作，为公司的发展做贡献。

员工福利申请详见表7-4所示。

表7-4　员工福利申请表

填表时间：　　年　　月　　日

填制部门		填制人员		所属岗位	
申请事项			申请金额		
申请福利相关说明					
行政人事部门意见	签字：				
财政部门意见	签字：				
公司领导审批	签字：				

7.3.4　关注员工身心健康

人本管理，这是当今企业最为熟悉的口号之一。如果管理者不能保障员工的身心健康，毫无疑问就是失败的管理。

就现代企业中出现的现实情况来看，企业漠视员工的身心健康的发展已经给企业甚至社会带来了严重后果。不但员工的心理疾病在中国呈普发、高发态势，而且其生理疾病的情况也很突出，农民、城市中低收入职工小病拖着、大病等死的现象在各地屡见不鲜。员工是企业的基石，而身心健康对员工的影响更是极其深远的。一个好的管理者必须要学会关心员工的身心健康。一个只知道肆意剥夺员工的身心健康的企业是没有发展前途的，是不可能取得可持续发展的。

面对当前严峻的现实，企业要在这方面投入更多的时间和精力，采取有效措施来保证员工的身心健康。比如，定期为员工体检，组织丰富多彩的体育活动，不仅能够让员工提高身体素质，而且是一种宣扬企业文化与增强员工归属感重要的手段。开展心理讲座，关注员工的心理健康，帮助员工学会合理的减压，处理各种人际关系问题和情绪问题，这些丰富多彩的活动能够最大限度地使员工提高自己的身心健康水平，同时使员工融为企业的一部分。

当下，人本管理、人性关怀是时代趋势和国际潮流。以人为本，在企业首先是以员工的身心健康为本，不关心员工身心健康的老板不是好老板，不关心员工身心健康的企业是不负责任的企业，这样的老板与企业是没有未来的。所以，每一个老板如果要想使企业能在竞争中健康成长和持续发展，就必须认真关心员工的身心健康问题。

7.3.5 员工的职业发展

受传统管理观念的限制，现阶段我国相当多的企业人力资源管理更多地是停留在关心员工能为企业创造多少财富上，但这样是留不住真正优秀的人才的。要想留住真正的优秀人才，有一个切实可行的办法，即企业参与员工职业生涯规划的指导与管理，把员工的职业发展纳入企业管理的范畴，即我们时下常说的"事业留人"。当员工的命运和企业息息相关的时候，他必然真正投入地为企业的发展尽心尽力，把企业的发展纳入自己的规划之中。从外资企业的成功实践来看，恰当地参与员工职业生涯规划可以使企业及时掌握员工职业发展动向，能够最大限度地激发员工的积极性和自觉性。

职业生涯规划更多的是员工个人的事情，是谋求自我发展的个人设计；但企业可以通过一定的辅助措施加以指导，使员工能按照企业的要求与规范发展。一般来说，企业参与员工职业生涯规划的过程可以分为以下几步。

1. 了解员工的兴趣和爱好，寻找切入点，把企业的发展和员工的个人规划结合起来

这一点要求企业对自己有清晰、合理的定位，寻找与企业文化相近的人，从而更好地促进企业的发展。如宝洁公司在招聘新人时，大多是从国内著名高校中招聘应届毕业生（即所谓的freshman，社会世故较少），通过一套完善的测量手段淘汰选拔，全面衡量应聘者的领导素质及解决问题的能力，从而使所聘员工最大限度地接近公司用人指标，便于企业进一步悉心培养、使用。宝洁的这种培训方法能够极大地减少人才的流失，确保公司的人力资源投入最大限度地发挥作用。

2. 公司必须要建立完整的培训制度，保证员工在公司里能够有晋升以及自我提高和成长的机会

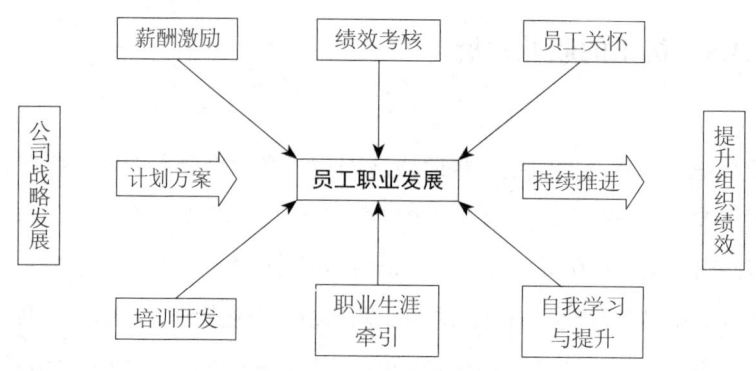

图7-2 员工职业发展

为了使员工能够适应多种工作和应对未来竞争的需要，企业必须有计划地对员工进行培训。企业要建立一个平台，在这个平台上，员工能够充分地发挥自身的潜力，同时，相关的人力资源工作者要循循善诱，使员工把自身的发展和企业的成长结合起来，最大限度地发挥潜力，为企业的发展做出贡献。如西门子公司实施"员工综合发展"计划，以员工业绩和所具潜力为基础，系统地使用技术和管理培训、工作轮换、国际化派遣、职务提升等具体发展策略，每年一次为每一位员工制订短期和长期的职业发展计划，把员工的自我发展当作企业的大事来抓。这样毫无疑问能够让员工熟悉企业的发展状况，与此同时，员工本身也能够更好地提升和发挥自身的潜力。

3. 企业应该擅于以制度、管理体系的完善建构予以员工工作机会、发展阶梯的必要保障

要让员工树立一种意识：员工的升迁并不是一种恩赐或者奖励，而是为了更好地促进企业和个人的发展，是双方共同努力的目标。这也是以人为本的企业文化的一种体现。员工来一个企业工作，不是仅仅为了寻求一份工作以养活自己，更为重要的是自我价值的实现，我们要提倡扁平化的管理方式，以保证每个人的意见都能够受到尊重，保证每个人都有晋升的机会。

7.4 员工离职管理

7.4.1 员工离职办法与制度

员工离职是雇员和雇主之间结束雇佣关系、员工离开原公司的行为。离职分为3种不同的情况，主要包括合同离职、员工辞职或者公司解聘员工。规范离职制度对公司的发展有很大的好处，能够保护员工和公司免于离职纠纷。与离职人员的面谈可提供管理方面的改进信息，帮助公司提高管理水平。不同的公司对于员工的离职可能有不同的规定和要求，但是都有一个基本的程序。

合同期内，员工若想申请离职，则必须提前30天填写离职申请并上交给自己的上司。上交离职申请后，公司将第一时间与员工所在部门的负责人进行沟通、确认。同时，公司要对该员工身份的信息（包括职位信息、心理状况信息、阅历与经验信息、家庭背景信息、生活状况信息）；与员工有关的绩效和薪酬信息（包括所获得的荣誉和奖励信息、薪酬福利信息、绩效表现）；员工离职信息（包括离职原因、离职后的目标单位、目标岗位）等进行有效整理。

如果该员工为公司的骨干人员，则公司可能根据员工的实际情况做出挽留。面谈结束后，公司将对该员工的信息进行整理，提出分析观点和建议并且进行归档整理。离职审批过后，公司的人力资源人员进行离职手续办理。办理次序依次为离职员工所在部门—行政部—人力资源部—财务部。离职手续办好后，公司将发放离职通知并协助职员做好交接，包括资料交接（工作文件、客户资料、合同等，包括电子版和纸质版）以及工作交接（工作职责、工作流程、工作进度、代办事项、工作联系人等）。人力资源部将做好和员工的合同解除，确定档案、福利和户口的转出日期。同时，公司的财务部将做好员工的工资和补贴的发放。

离职面谈简述

离职面谈指企业为了解进入离职程序的雇员对于企业各种内部状况的最终意见和看法而与雇员进行的谈话。其目的在于：从中发现与企业工作有关的信息或事情，以便雇主改进他们的工作。离职面谈通常由企业人力资源管理部门负责实施。面谈结束后，应将面谈记录进行整理和分析，并回顾面谈过程，从中窥探员工离职的真正原因。针对发现的问题提出改善建议，以防类似事情再度发生。离职面谈也是企业将离职人员的知识和经验转移给其接任者的一次机会。企业甚至可以通过离职面谈，邀请离职人员为现有团队就如何完成当前项目、解决现有问题以及如何进行相互合作提供建议。离职面谈应该选择气氛轻松的地点。

7.4.2 劳动合同的解除和终止

劳动部《关于劳动法若干问题的意见》第二十六条规定：劳动合同的解除是指劳动合同订立后，尚未全部履行以前，由于某种原因导致劳动合同一方或双方当事人提前取消劳动关系的法律行为。当前的劳动合同解除有两种形式。第一种是法定解除，即依照劳动法相关规定，其中一方直接与另一方解除劳动合同。在这种情况下,双方无须协商,可以直接解除劳动合同。第二种情况是约定解除。企业或者劳动者双方或者其中一方认为劳动合同没有履行的必要,双方协商或者通过其他手段解除劳动合同。

用人单位不能够随意解除与劳动者的劳动合同,除非劳动者在工作期间有重大的失职行为或者企业出现重大的经济困难,需要以裁员的方式渡过困难,在这种情况下,企业可以解除与雇员的雇佣关系,并且终止劳动合同。

在劳动合同解除的情况之下,有一种特殊的情况,那就是非过失性解除劳动合同,即劳动者没有明显过错,企业要与劳动者解除劳动关系,终止劳动合同。在这种情况下,企业必须提前30天通知劳动者或者额外支付劳动者1个月的工资。这主要包括如下三种情况。

(1)劳动者患病或者非因工负伤,在规定的医疗期满后不能从事原工作,也不能从事由用人单位另行安排的工作的;

(2)劳动者不能胜任工作,经过培训或者调整工作岗位,仍不能胜任工作的;

(3)劳动合同订立时所依据的客观情况发生重大变化,致使劳动合同无法履行,经用人单位与劳动者协商,未能就变更劳动合同达成协议的。

在这三种情况下,企业要特别注意与员工劳动关系的处理,有效地规避额外法律纠纷的产生,以防给公司的发展带来不利影响。

7.4.3 保密义务和竞业限制

根据《劳动法》第二十三条规定,用人单位与劳动者可以在劳动合同中约定保守用人单位的商业秘密与知识产权相关的事项。对负有保密义务的劳动者,用人单位可以在劳动合同或者保密协议中与劳动者约定竞业限制条款,并约定在解除或者终止劳动合同后,在竞业限制期限内按月给予劳动者经济补偿。劳动者违反竞业限制约定的，应当按照约定向用人单位支付违约金。一些持有公司重大商业机密和知识产权的员工，他们一旦离职并且向竞争对手披露了商业机密，对公司的打击是致命的。企业为了保护自己的合法权益可以和这类人员签署保密协议。员工即使离职之后，也有义务为企业保密。商业机密和知识产权属于企业的财产，在未经雇主同意的情况下，员工不得向任何人泄露。披露、使用商业秘密是一种违法行为，承担的首先是一种侵权责任。

竞业机制和保密义务其实是有所不同的。竞业限制是指掌握和了解本企业商业秘密并负有保密责任的企业劳动者，在劳动关系存续期间或者劳动关系终止后，劳动者按照与企业的约定受到一定时间的择业限制，对劳动者造成了一定的利益损害，企业要对劳动者进行一定的经济补偿。只有当劳动者确实掌握的是企业的核心商业秘密才能适用这一项，公司不能够要求公司的一般员工遵守这一项约定，这通常是对公司的高级管理人员和核心技术人员的要求，要求的最长年限为二年。

保密义务基于法律直接规定而产生，或者基于劳动者的忠诚义务而产生。违反保密的行为往往是以隐蔽方式进行的，企业不容易举证，诉讼的难度较大。而违反竞业限制的行为，因为就职于竞争企业或自营竞争性业务，是外在易见的事实，所以举证较易。

7.5　人事档案管理

7.5.1　人事档案管理工作的原则

人事档案管理就是将人事档案收集、整理、保管、鉴定、统计和提供利用的活动。人事档案是在人事管理活动中形成的，记述和反映个人经历和德才表现，以个人为单位组合起来，以备考察的文件材料。人事档案管理能够有效地使企业的人事管理工作规范化、制度化，防止档案丢失损坏。

1. 人事档案的作用

（1）人事档案是员工成长的断代史。
（2）人事档案是企业人力资源管理的信息基石。
（3）人事档案是解决劳动纠纷的有效工具。
（4）人事档案是企业选人用人时可靠的衡量标准。

2. 人事档案管理工作原则

（1）集中管理原则

人事档案管理工作就是要按照集中统一管理的原则办事。这个原则包含的主要内容是：档案归国家所有；档案要制定、实行统一的制度和管理方法；所有的档案部门都要受各级档案业务管理机构的指导。

（2）效益性原则

档案工作效益包括档案管理效益和档案利用效益二个方面。档案利用效益指档案部门通过为社会提供档案信息资源，使利用者取得利用效果；档案管理效益指档案部门投入与产出的关系，即档案部门为保管及提供利用档案所需的人、财、物与档案利用效益的关系。

（3）自主性原则

在人事档案管理工作集中原则的基础上，在进行档案管理的时候要根据不同情况做灵活、自主的改变，来适应人事档案管理工作的意外突发情况。

3. 人事档案接收流程

人事档案流程图如图7-3所示。

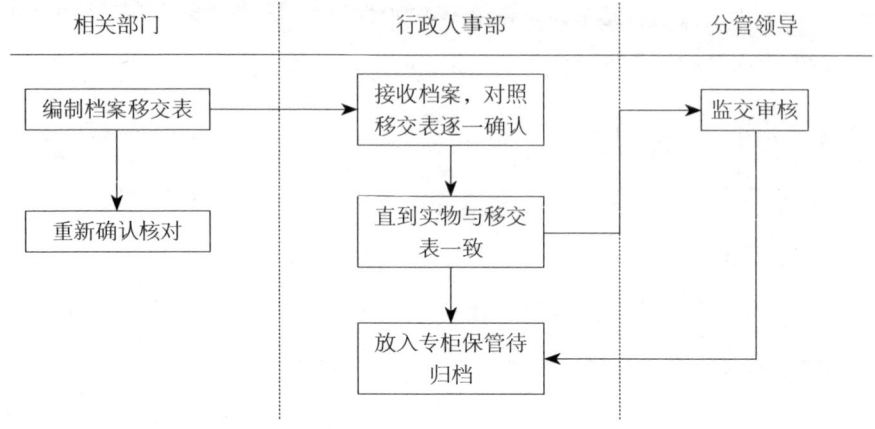

图7-3 人事档案接收流程

7.5.2 人事档案规范化管理的途径

当前我国的人事档案管理还存在着诸多问题，从档案的收集到整理方面，科学、有效性都十分缺乏。要想积极、有效地对企业的人事档案进行管理，必须从以下几个最基本的方面开始着手。

1. 积极开展人事档案目标管理活动

一个好的目标对整个管理活动起到一个最基本的导向作用。企业应该首先对自己的人事档案管理的原因和重要性有一个基本认识，设定一个与企业实际发展情况相适应的管理目标，并且严格按照该目标实行。

2. 加强人事档案部门管理人员的建设

要想实现人事档案管理规范化的目标，必须有一支过硬的管理队伍。只有管理人员的能力提上去了，公司的一些思想才可能真正得以落实。公司一方面要加强对人事档案管理人员的培训；另一方面作为一种特殊的工作，管理人员的连续性和稳定性也非常重要，公司要设法留住人才。一个好的人事档案管理人员不仅要熟悉人事管理的基本工作，而且需要具备细心、认真、负责的工作态度。

3. 健全档案管理制度

健全档案工作制度必须遵循以下要求：档案工作要简明合理；要保证工作制度具有可操作性、简单方便，不能停留在表面上而完全没有操作性；与此同时，要保证档案管理制度具有双向的约束性，要保证制度既约束到员工，同时也对领导人员起到约束作用，这样才能使员工内心产生公平感，才能使命令顺利地执行。

4. 人事档案建立管理流程

人事档案建立管理可详见图7-4所示。

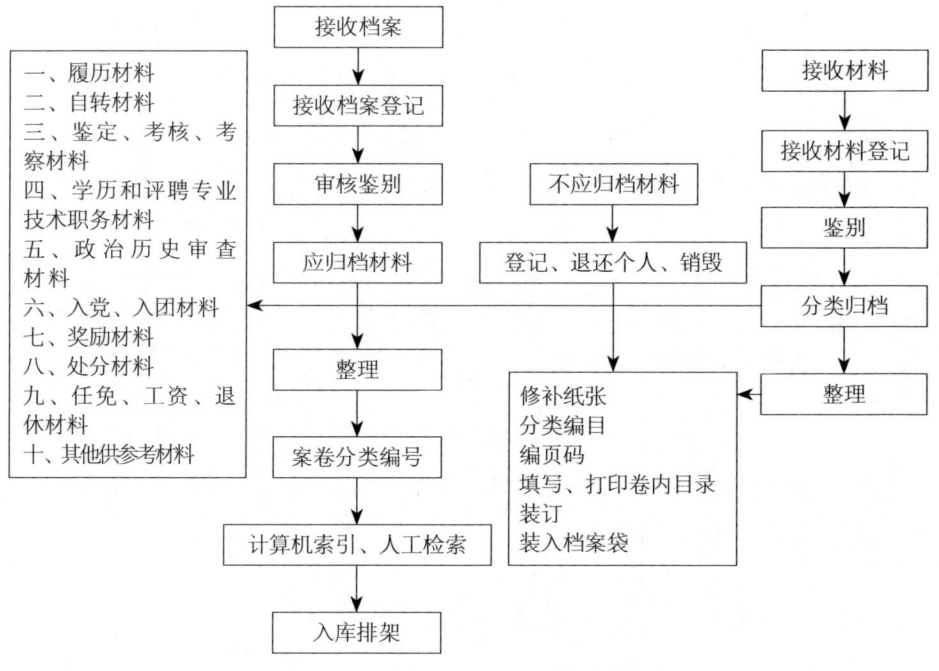

图7-4 人事档案建立管理流程图

总而言之，人事档案规范化管理必须要加强学习，不断改革和创新，顺应企业的实际情况，形成一整套新的档案思想、档案观念，才能适应档案事业的发展，并为适应档案管理的科学会、规范化、现代化做出贡献。

7.5.3　人事档案信息化管理

近年来，信息技术开始在人事档案管理工作中进行应用，这不仅有效地提升了人事档案管理现代化的水平，而且提高了各单位人事档案信息管理的效率。

与传统的人事档案管理方法相比，人事信息化管理具备很多不可小觑的优势，其中，为传统的人事化管理所不能比拟的是其方便、快捷的特点。信息录入速度快且检索方便、不易丢失。而传统的人事管理方式需要耗费大量的人力和物力，使用起来也极不方便。现今已经有越来越多的企业使用人事信息化的管理方式。当然，人事信息化管理也并非全无缺点，比如在信息的安全性方面还有很多问题，尤其是存在着很大的被盗的风险，一旦被别有用心的竞争对手所利用，对公司和个人的信息安全都产生很大的威胁。但是可以预见的是，这些问题都能够采取有效措施进行解决。人事信息化管理必将成为人事管理未来的发展方向。

要做好企业的人事信息化管理，企业可以从以下几个方面着手。

1. 进行人员培训

人事信息化管理与传统的管理方式总体来说有很大的不同。必须要对相关的人员进行培训，使其适应并有效利用这种人事管理方法。当然，与此同时，在设备方面也要有所引进和更新。

2. 提升相关人员的人事管理安全意识

企业人事档案的有效管理对企业有着非常重要的作用，也是对企业对员工个人信息的尊重和保障。企业必须在这方面格外注意，防止信息泄露。

3. 改变传统人事管理的缺陷

企业可以加强人事档案信息动态化管理，人事档案的管理不能再拘泥于传统的统一模式，可以不断地充实本人的一些个性资源，使档案材料和信息得以不断地充实和完善。

4. 人事档案工作所有业务信息化

（1）建档管理

建立教职工、博士后等各类档案的基础数据库，增加（录入、导入）人事档案基本信息，实现对人事档案基本信息的统一维护和集中管理。

（2）归档管理

当接收到归档材料后，记录和管理职工的学历变更、职务变更、职称变更信息的增、删、查、改等操作。接口要求与学校人事系统中的职称、职务、学历等信息实现同步的联动共享。

（3）档案综合查询（检索）

根据各类查询条件实现灵活多变的系统信息查询功能，用户可以自定义查询条件，要求系统提供多条件检索和跨库检索等功能。

（4）档案借阅

记录来馆人员查询档案、利用档案等相关信息，并实现对档案借阅信息的查询与统计功能。

（5）档案借出

记录档案的借出、归还等信息，并实现对档案借出信息的查询与统计等功能。

（6）档案服务管理

记录档案馆工作人员依据档案内容信息开具的各类证明，其中包括：出生年月、亲属关系、婚姻状况、工作学习经历等信息。

（7）档案盘点

将档案库存实物与计算机存储的人事档案信息定期进行核对，并根据实际业务进行系统中数据的修改和处理，协助业务人员快速完成对库房档案的清点、核对、修改、统计等工作。

（8）档案处理

对因调离工作、退休、死亡等各种原因需要将档案转移到其他保管机构或本馆内的其他保管地方而进行的处理。改革库房内档案的存档方式，系统提供转代管、遗留、存档、死亡、离休、退休等状态，用户也可以自己添加存档类别信息。

（9）档案转出

支持档案转出的业务工作，要求系统实现转出数据的录入（导入）处理，与其他部门之间信息的共享；转出表格生成并打印；回执信息自动化处理和手动录入；转档信息查询、统计；转档工作过程责任者相关信息管理、查询与统计等功能。

7.6 用工风险管理

7.6.1 弹性雇佣方式的风险防控

随着全球经济的一体化，国际贸易的竞争，尤其是信息网络的迅速发展，弹性雇佣作为一种新型的雇佣方式逐渐流行起来。弹性雇佣的优点显而易见，如灵活性高，尤其是小微型企业十分喜欢采用这种方式，能够有效地降低企业的运行成本。但是与此同时，这种雇佣方式也会带来极大的风险。劳动者可能随时离职，给企业带来很多的不便。

要更好地发挥弹性雇佣制度的优点，同时避免其缺点，企业可以从不同的方面着手规范弹性雇佣制度，把风险降到最低。

借鉴国外经验，制定详细的弹性雇佣制度。20世纪90年代以来，许多国外的公司已经开始使用弹性雇佣制度。迄今为止，他们已经发展并形成了一套较为完整的制度，其中有很多值得我们借鉴的地方，其中最重要的一点是企业必须要根据自身情况，结合当前法律法规制定一套完整的弹性雇佣制度，比如，弹性雇佣人员之间的劳动合同、福利待遇、入职离职的基本要求。对种种问题，企业必须都有所考虑，以防止企业的合法权益受到损害。

7.6.2 劳动合同履行的风险防控

经济学中著名的"木桶理论"认为，决定木桶能盛多少水不在于最长的一块木板，而在于最短的那一块。劳动合同中的风险防范是当前许多企业的短板之一，让不少企业深受其害。当前，主要注意的有以下两点。

1. 企业未签订劳动合同或者签订了无效的劳动合同

由于一些企业或者劳动者法律意识不健全，没有意识到签订劳动合同的重要性，因此导致出现不签订劳动合同的现象。还有一种情况则是企业和劳动者双方在对劳动合同知之甚少的情况下，签订了无效的劳动合同而不自知。比如，合同主体中的劳动者必须具有完全人事能力，若是限制行为能力人或无行为能力人，则须由他的法定代理人代理，或者征得他的法定代理人的同意。公司在签订劳动合同时，必须保证对方具有完全人事能力，规避因此而带来的风险。

2. 劳动合同履行或操作不规范

国家在对劳动者的合法权益的保障方面，做了相当细致的规定。在实际执行过程中，企业为了自身的利益最大化，往往不惜损害劳动者的合法权益，低于法律所规定的最低标准，甚至想在公司制度中变相地将其合法化。但是一旦事情被曝光，公司将面临法律的惩罚以及舆论的拷问。尤其是在当今互联网如此发达的时代，这给公司的打击几乎是致命的。

企业经营管理的成败在一定程度上取决于合同的签订和管理的有效程度。某些企业因未能建立和完善一套与市场经济法律体系相适应的合同管理体制，造成合同法律风险接连发生，而法律风险一旦产生，企业自身又没有掌控和处理的措施，企业往往会承受难以挽回的损失。因而，如何做好企业合同风险的防范在企业管理中有着非常重要的意义。

7.6.3 岗位调整中的风险防控

岗位调整指的是公司内部通过员工职业地位的升迁来对公司的人力资源进行管理和调整以更好地发挥劳动者的工作积极性。岗位调整得好能够极大地激发出劳动者的动力，促进企业的发展。但是一旦调整出现问题，可能会给企业带来一系列的麻烦和纠纷，从而给企业带来不必要的损失。为了规避这种风险，我们要从事前、事中和事后三个阶段进行岗位调整。

1. 事前预防制度

企业要制定一套完整的人事岗位变动的管理方法，并且保障每个员工都有相应的渠道接触到这一套调动方法，以使员工做好心理准备。在进行人事变动之前，企业要配合员工做好述职工作并且填写相关表格为岗位的调整做好准备，保证每个人都有平等的机会进行岗位的调整。

2. 事中执行制度

企业在进行岗位调整过程之中，要公平、公正、公开地进行员工考核，以做到赏罚分明。对公司做出巨大贡献的人要升职，而对那些表现平平、与公司文化明显不符合的人要采取一定的措施，以促使他们做出调整。在员工思想方面，企业要做到与每个人的沟通，以保障大家都能够畅所欲言，表达出自己的真实想法。企业也要以绩效服人，防止伤害员工的积极性。

3. 事后调控制度

在进行岗位调整以后，企业要协助做好工作的交接，帮助员工熟悉新岗位的要求和相关内容，保证各个人员能够快速地适应新的岗位。

7.6.4 员工个别离职风险防控

一般而言，员工离职是雇员和雇主之间结束雇佣关系，员工离开原公司的行为。员工离职是员工流动的一种重要方式。员工流动对企业人力资源的合理配置具有重要作用，但过高的员工离职率会影响企业的持续发展，甚至导致诸如企业的商业机密被泄露、客户流失、岗位空缺等危害。我们要尽可能地对公司的各方面待遇予以完善，保障离职率保持在一个合适的水平上；但当员工的离职成为不可改变的客观事实时，我们必须要采取一定的措施减少企业在员工离职之时可能遭受的损失。

对企业和劳动者来说，首先要协商一致解除劳动合同。在员工个别离职时，首先涉及的就是劳动合同的解除。企业要严格根据劳动合同的内容来执行，既保障员工的合法权益又使企业的合法权益不受侵害。当然，在协商之后，企业要制订书面协议，使其具有一定的法律效应。对于擅自离职的工作人员，相关通知及送达应该遵守相应程序并且保留证据。这种擅自离职的行为，根据国家相关规定，将不享受任何待遇。

根据我国的《劳动法》规定，由企业提出终止劳动合同的，通常企业都必须给劳动者赔偿一定的经济损失，故应考虑劳动合同的解除方通常应该由劳动者首先提出。

离职员工可能会带走部分客户,这就要求我们做好客户流失风险的防范。企业应与客户建立直接的联系,并建立公司的客户数据库,全面掌握客户信息,减弱员工的个人纽带作用;在员工离职前,可考虑安排员工换岗,进行工作隔离,让员工不再接触之前的工作;或进行关系隔离,阻止员工同以前需要打交道的客户、同事正式接触。

员工离职后,我们也应避免岗位长时间空缺,做好岗位空缺风险的防范。HR部门应做好人力资源规划,每个岗位都应有储备人员配置。

个别员工离职防范法律风险详见图7-5所示。

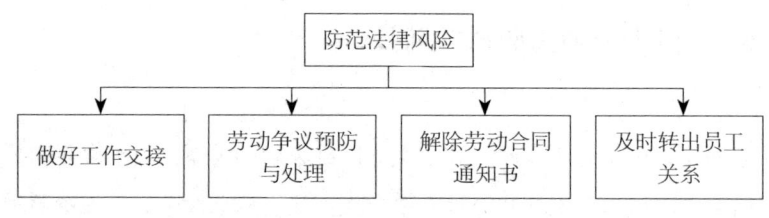

图7-5　防范法律风险

面对越来越活跃的离职行为,企业管理者所持有的态度愈加成熟和客观。一方面,人们已经普遍认识到人才流动是社会和企业人力资源配置的重要形式,它可以调整人才构成比例、优化群体结构、保持人力资源队伍的活力;另一方面,对于造成企业人才流失的离职,只有针对性地采取一些管理策略,将流失风险限制在可接受的范围内,避免风险事故发生或将风险事故发生的概率降至最低才是正道。

7.7　案例呈现

2012年6月19日,甲(系在外国某高校在读的外籍学生)与乙公司签订实习研修协议,约定甲每周实习3天,实习期间每月向甲支付用于上下班公共交